es 1263
edition suhrkamp
Neue Folge Band 263

Neue Historische Bibliothek
Herausgegeben von Hans-Ulrich Wehler

Die Amerikanische Revolution stellt die eigentliche Geburtsstunde der
Vereinigten Staaten von Amerika dar, deren in diesem Zusammenhang
proklamierten Zielvorstellungen sich das Land auch heute noch verpflich-
tet fühlt. In der vorliegenden Studie werden die ökonomischen, sozialen
und politischen Bedingungen und Abläufe im Vorfeld der Amerikanischen Revolution sowohl im englischen Mutterland als auch in den
amerikanischen Kolonien untersucht, die Entwicklung in deren Beziehungen dargestellt sowie die Stationen des politischen, des Sozial- und des
Verfassungskonflikts auf dem Höhepunkt der Revolution analysiert.
Horst Dippel, geb. 1942, ist Privatdozent für Neuere Geschichte an den
Universitäten Hamburg und Göttingen.

Horst Dippel
Die Amerikanische Revolution
1763-1787

Suhrkamp

edition suhrkamp 1263
Neue Folge Band 263
Erste Auflage 1985
© Suhrkamp Verlag Frankfurt am Main 1985
Erstausgabe
Satz: Wagner GmbH, Nördlingen
Druck: Nomos Verlagsgesellschaft, Baden-Baden
Umschlagentwurf: Willy Fleckhaus
Printed in Germany

4 5 6 7 8 – 99 98 97

Inhalt

Vorwort

Der vorliegende Band ist das Ergebnis einer jahrzehntelangen Auseinandersetzung mit der Amerikanischen Revolution, zu der im Laufe der Jahre viele auf die eine oder andere Weise beigetragen haben. Die erste persönliche Einführung erhielt ich seinerzeit von Erich Angermann, und indem sie mir zuhörten und mir ihre Gedanken weitergaben, haben im Laufe der Jahre Willi Paul Adams, Bernard Bailyn, Jack P. Greene, Jesse Lemisch, Edmund S. Morgan, Richard B. Morris, Gary Nash, Hans-Christoph Schröder, Gerald Stourzh u. a. nachhaltig zur Vervollständigung meines Bildes von der Amerikanischen Revolution beigetragen. Ihnen allen sei an dieser Stelle dafür aufrichtig gedankt. Ein ganz besonderer Dank gebührt schließlich meinem verehrten Lehrer Rudolf Vierhaus für stundenlange, stets anregende Gespräche, deren Inhalte an vielen Stellen dieses Essays ihren Niederschlag gefunden haben, während für Fehler die Verantwortung allein bei mir liegt.

Ein letzter, unvollkommener Dank gebührt schließlich meiner lieben Frau – für alles.

Göttingen, im Juli 1984   *Horst Dippel*

I. Einleitung

Einer der führenden amerikanischen liberalen Historiker seiner Zeit, Louis Hartz, stellte in einer Rede vor dem Außenpolitischen Ausschuß des amerikanischen Senats 1968 fest, daß die liberale politische Kultur des Landes durch die puritanische Einwanderung im 17. Jahrhundert und nicht durch eine soziale Revolution begründet worden sei, und deshalb sei es, fuhr er fort, für die Amerikaner so schwierig, sozialrevolutionäre Bewegungen in anderen Teilen der Welt zu begreifen.[1]

Selbst wenn man dieser Beurteilung der puritanischen Einwanderung beizupflichten bereit ist, deren Bedeutung für das Werden Amerikas und das nationale Selbstverständnis bis zum heutigen Tag in geradezu umgekehrtem Verhältnis zur eher geringen Zahl der Mitglieder dieser protestantischen Sekte steht – einen ausgeprägten Hang zu politischer, geistiger oder kultureller Liberalität haben weder die Zeitgenossen noch spätere Forscher an ihnen feststellen können. Dennoch wohnt ihrem Denken eine ganz besondere Art von Radikalität inne, die sich in der Puritanischen Revolution in England in den vierziger und fünfziger Jahren des 17. Jahrhunderts ebenso niederschlug wie in Neuengland, insbesondere in Massachusetts, ihrem bevorzugten Siedlungsgebiet in Nordamerika im 17. und 18. Jahrhundert. So gesehen hat ihre Einwanderung nach Nordamerika mit einer Wirkungskraft über die engen Siedlungsgrenzen hinaus – obwohl zeitlich vor der Puritanischen Revolution Englands liegend – diese in Amerika gleichsam vorweggenommen und ihre Errungenschaften, die in ihrer Tendenz langfristig eine Liberalisierung des politischen Lebens beinhalteten, in Neuengland verankert, noch bevor sie in England erkämpft waren.

Louis Hartz wäre jedoch kein namhafter Historiker, wäre seine Auffassung von dem geradezu natürlichen Charakter der politischen Liberalität Amerikas von Anbeginn an nicht in hohem Maße Ausdruck des Denkens seiner Zeit. Gerade in den fünfziger und sechziger Jahren dieses Jahrhunderts, zur Zeit der außenpolitischen Kontroversen im Kalten Krieg und eines in der Eskalation des Vietnam-Krieges schließlich nach innen zurückschlagenden Konflikts, erhielt der Konsens über die Grundwerte der

Nation getreu der immanenten Dialektik dieses politischen Liberalismus den Rang einer patriotischen Tugend. Eine Revolution paßte da schlecht ins Bild, eine soziale schon gar nicht. Wenn dabei die eigene Vergangenheit betroffen war, entsprach es den Auffassungen der Zeit, diese Revolution »wegzuinterpretieren« und statt dessen das Bild einer großen Eintracht und eines alle umfassenden Konsenses politischer Liberalität zu entwerfen. Was sich dem im 18. Jahrhundert entgegengestellt hatte, war gewissermaßen das Unamerikanische – die Engländer und ihre Söldlinge. Außerhalb der Vereinigten Staaten hatten die Historiker es leichter; man eliminierte den Ausdruck »Amerikanische Revolution« ganz und sprach nur noch von einem Unabhängigkeitskrieg oder vom »Nordamerikanischen Freiheitskrieg«[2]; ein Begriff, der vermeintliche Analogien zu den sog. deutschen Befreiungskriegen von 1813/14 suggerieren mochte und in vergleichbarer Weise als der Beginn einer neuen staatlichen Ordnung interpretiert werden konnte.

Selbst wenn man eine so weitreichende, historisch fragwürdige Schlußfolgerung nicht ziehen wollte, hatte der politische Liberalismus der sechziger Jahre *de facto* die Zweiteilung des Phänomens »Revolution« in »gute« und »schlechte« Revolutionen propagiert. Als »gut« konnten Revolutionen gelten, wenn sie politisch auf der Linie dieses angloamerikanischen Liberalismus lagen und die bestehende gesellschaftliche Ordnung in ihrer sozialen Hierarchie und ihrer Verankerung im bürgerlichen Eigentumsbegriff im Kern unangetastet ließen. »Schlechte« Revolutionen zeigten nicht nur keinen Respekt vor dieser Ordnung mit ihrer sozioökonomischen Elite an der Spitze, sie bekämpften sie bewußt und übten Gewalt und menschenverachtenden Terror im Dienst einer höheren Ideologie aus. Mit diesen Argumenten hatte der bekannte deutsche konservative Publizist Friedrich v. Gentz schon im Jahre 1800 die Französische Revolution gegeißelt und ihr als leuchtendes Vorbild die Amerikanische Revolution gegenübergestellt, was von amerikanischen Zeitgenossen mit großer Zustimmung aufgenommen wurde. Mit den gleichen Argumenten ließ sich die kubanische Revolution von 1959 brandmarken, und es war wohl kein Zufall, daß ausgerechnet in der zweiten Hälfte des Jahres 1959 die Schrift von Gentz in den Vereinigten Staaten neu aufgelegt wurde, erweitert um einige Betrachtungen über die Russische Revolution.

Die heutigen wissenschaftlichen Revolutionstheorien gehen in der Regel nicht von einer derart schlichten Zweiteilung des Phänomens »Revolution« aus. Wenn auch im wesentlichen Einigkeit darüber besteht, daß unter Revolution eine »tiefgreifende Änderung«, »eine grundlegende Umgestaltung der gesellschaftlichen Struktur, der politischen Organisation sowie der kulturellen Wertvorstellungen in einem bestimmten geographischen Bereich« zu verstehen sei, die »eine besondere Form des historischen Wandels« darstelle[3], klaffen doch die verschiedenen Theorien in der Frage der konstitutiven Merkmale von Revolution weit auseinander. Gerade diese Situation erleichtert das Einfließen politisch normativer Wertvorstellungen in die Auseinandersetzung um das Phänomen »Revolution«, bietet aber zugleich die Möglichkeit, sehr verschiedenartige Formen dieses besonderen historischen Wandels unter diesem Begriff zu subsumieren. Dazu gehört auch die Amerikanische Revolution, an deren Charakter als Revolution heute in der Regel keine ernsthaften Zweifel mehr vorgebracht werden.

Als Antithese zu bestehenden staatlichen Ordnungsprinzipien befindet sich der Begriff »Revolution« zwangsläufig in sehr viel stärkerem Maße als andere politisch-soziale Begriffe in einem ständigen, mitunter vorübergehend überlagerten, letztlich jedoch unauflöslichen Spannungsverhältnis zu den jeweils herrschenden Zeitauffassungen. Er entzieht sich auf diese Weise weitgehend einer Zeit und Raum übergreifenden, allgemeingültigen Theorie, da dieses Spannungsverhältnis, das selbst dem Wandel unterworfen ist, zu immer wieder neuen Deutungen des Phänomens »Revolution« zwingt. Es ist daher bereits im Ansatz verfehlt, Frankreich vorzuwerfen, sein Verhältnis zu seiner Revolution von 1789 bis heute praktisch nicht aus dem Schatten parteipolitischer Kontroversen herausgeführt zu haben, wogegen die Amerikaner immer mit großer Einmütigkeit ihre Revolution als Moment nationaler Selbstidentifikation betrachtet hätten.

Eine derartige Auffassung in bezug auf Amerika täuscht lediglich über die erheblichen Schwankungen während der zurückliegenden zweihundert Jahre in der Bewertung der eigenen revolutionären Vergangenheit hinweg. Was zunächst etwa von David Ramsay (*History of the American Revolution*, Philadelphia 1789) oder Mason L. Weems (*Life of George Washington*, Georgetown 1800) als das Heroische, geradezu Übermenschliche hingestellt und unkritisch gefeiert worden war, geriet schon bald mit den heftiger werdenden innenpolitischen Kontroversen zwischen den Föderalisten um Alexander Hamilton und John Adams sowie den Republikanern um Thomas Jefferson zum Streit um Auslegung und Wahrung des revolutionären Erbes und der Gründungsprinzipien der Union, die der eigentliche Inhalt des mehrbändigen Werks von Mercy Otis Warren (*History of the Rise, Progress and Termination of the American Revolution*, Boston 1805) waren.

Diese Auseinandersetzung um die rechte Interpretation der Amerikanischen Revolution und ihrer Bedeutung für die eigene Zeit hat ungeachtet einer zunehmenden Verwissenschaftlichung der Kontroverse die Jahrzehnte bis zum Bürgerkrieg (1861 bis 1865) geprägt. Praktisch war es George Bancroft, dem bedeutendsten Interpreten amerikanischer Geschichte im 19. Jahrhundert, vorbehalten, in seiner groß angelegten, zwölfbändigen *History of the United States, from the Discovery of the American Continent* (Boston 1834-1882), deren letzten beiden Bände der Revolution und der Entstehung der Bundesverfassung von 1787 gewidmet waren, im Rahmen einer veränderten innenpolitischen Situation aus dieser Kontroverse herauszuführen und das Tor zu einer großartig erscheinenden Zukunft aufzustoßen: Die ganze amerikanische Geschichte seit der Gründung der Kolonien, und darin harmonisch eingebettet die Amerikanische Revolution, sei unwiderlegbarer Ausdruck des unaufhaltsamen Triumphzuges der Demokratie in der Welt.

Obwohl es interpretatorisch nur als ein kleiner Schritt von Bancroft und den Jahren nach dem Bürgerkrieg zu Hartz und den sog. Konsens-Historikern der fünfziger und sechziger Jahre unseres Jahrhunderts erscheinen mag, verlief die Revolutionsgeschichtsschreibung der Zwischenzeit jedoch keineswegs geradlinig. Das Zeitalter der amerikanischen Hochindustrialisierung gegen Ende des 19. Jahrhunderts hatte die politischen, ökonomisch-sozialen wie regionalen Konflikte des Landes in verstärkter Form wiederaufleben lassen, und die Amerikanische Revolution erschien in dieser Situation erneut, wie etwa bei dem einflußreichen Popularhistoriker John Fiske (*The Critical Period of American History 1783-1789*, Boston 1888) als Ausdruck innerer Gegensätzlichkeit, ja als Sieg des gebildeten, urbanen Ostens über den rückständigen, agrarischen Westen.

Diese Konfliktinterpretation der Amerikanischen Revolution

verstärkte sich in den folgenden Jahrzehnten im Zeichen einer kraftvollen innenpolitischen Reformbewegung, der sog. Progressiven Bewegung, zwischen der Jahrhundertwende und den zwanziger Jahren, als sie allmählich an Einfluß verlor. Vor allem drei Historiker dieser Epoche haben die Diskussion um die Amerikanische Revolution in der einen oder anderen Weise bis in unsere Zeit geprägt: Carl L. Becker, Charles A. Beard und J. Franklin Jameson. In seinem einflußreichen Werk *The History of Political Parties in the Province of New York, 1760-1776* (Madison/Wisc. 1909) kam Becker zu der bis heute umstrittenen Feststellung, in der Amerikanischen Revolution sei es nicht allein um »Home Rule«, sondern auch um das Problem gegangen, »who should rule at home«, also neben der politischen Unabhängigkeit von England zugleich um einen soziopolitischen Konflikt im Innern um Macht und politische Partizipation.

Diese diametral entgegengesetzte Position zur whiggistischen Interpretation eines Bancroft oder Hartz hat Charles A. Beard noch vertieft. Sein geradezu als sensationell empfundenes Werk *An Economic Interpretation of the Constitution of the United States* (N. Y. 1913) ging von den ökonomischen Konflikten im Amerika der achtziger Jahre des 18. Jahrhunderts aus und fragte nach den wirtschaftlichen Interessen der Mitglieder der Verfassungsgebenden Versammlung von 1787. Er kam zu dem Ergebnis, daß sie über weithin identische ökonomische Interessen verfügten und daß ihnen als Besitzer staatlicher Schuldverschreibungen die von ihnen konzipierte Verfassung durchaus ökonomischen Nutzen brachte.

Der dritte herausragende Revolutionshistoriker dieser Epoche war J. Franklin Jameson, der Ende 1925 vier Vorträge an der Princeton Universität hielt; sie wurden dann als ein zwar schmales, aber höchst aufregendes Bändchen unter dem Titel *The American Revolution Considered as a Social Movement* (Princeton 1926) publiziert. Auch für ihn war die Revolution mehr als ein reiner Unabhängigkeitskrieg mit der Konsequenz der verfassungsmäßigen Neuordnung Amerikas: »Die Beziehungen der sozialen Klassen zueinander, die Institution der Sklaverei, das System des Grundbesitzes, der Gang der Geschäfte, die Formen und Inhalte des intellektuellen und religiösen Lebens, alle fühlten die umwandelnde Hand der Revolution und alle gingen aus ihr in Gestalten hervor, die um etliche Grade denen nähergerückt waren, wie wir sie heute kennen.«[4]

Auch wenn Jameson den Ausdruck »Sozialrevolution« umging und sich durchaus des konservativeren Charakters der Amerikanischen im Vergleich zur Französischen Revolution bewußt war, stieß seine Konfliktinterpretation der Amerikanischen Revolution genauso auf den vehementen Widerstand der Konservativen und der liberalen Mitte, wie das den Deutungen Beckers und des »Marxisten« Beard widerfahren war. Statt Klassenkämpfen um die politische Macht, Verfolgung »niederer« ökonomischer Interessen oder der Austragung von Sozialkonflikten – der Abgrund der Französischen und der noch ungleich lebendigeren Russischen Revolution schien dem erschrockenen Leser schon bedrohlich nahegerückt – galt es, im Zeichen des Kalten Krieges westliche Überlegenheit zu demonstrieren und Einheit, Freiheit, Demokratie und Verfassungsstaatlichkeit zu betonen. Die Revolutionsgeschichtsschreibung zumal der fünfziger Jahre steht daher eindeutig unter der primären Zielsetzung, statt die Revolution neu zu interpretieren, Beard und die übrigen progressiven Historiker zu widerlegen.

So erschienen in rascher Folge ein Aufsatz von Frederick B. Tolles, *The American Revolution Considered as a Social Movement: A Re-Evaluation* (American Historical Review 60. 1954/55, 1-12), eine Untersuchung von Robert E. Brown, *Middle-Class Democracy and the Revolution in Massachusetts, 1691-1780* (Ithaca/ N. Y. 1955) und ein Buch von Forrest McDonald, *We the People: The Economic Origins of the Constitution* (Chicago 1958), die zusammen mit anderen Abhandlungen beabsichtigten, den Sozialkonflikt zur Bedeutungslosigkeit herunterzuspielen, den Nachweis verbreiteter Demokratie im kolonialen Amerika zu liefern und ökonomische Aspekte als für den Gang der Revolution bedeutungslos erscheinen zu lassen.

Damit war der Weg freigelegt für das, was erneut als das Wesen der Amerikanischen Revolution erschien und Hartz bereits 1956 zum Titel eines Buches gemacht hatte: *The Liberal Tradition in America*. Die Revolution galt als Ausdruck freiheitlicher Grundprinzipien in Politik und Gesellschaft, verankert in einmütig vom Volk entworfenen und gebilligten Verfassungen, welche die Sicherung der Rechte des einzelnen und die Abwehr jeder Form von Tyrannei zum Ziel hatten und der Menschheit den Weg in eine glücklichere Zukunft wiesen; kein Kampf um Macht, Positionen, politische Partizipation oder sozioökonomischen Wandel.

Die bedeutendste Interpretation der Amerikanischen Revolution gemäß dieser Grundposition hat Bernard Bailyn unter dem Titel *Ideological Origins of the American Revolution* (Cambridge/Mass. 1967) vorgelegt, deren prägender Einfluß auf die Diskussion in den späten sechziger und in den siebziger Jahren unverkennbar ist. Nach seiner Überzeugung war die Amerikanische Revolution »vor allem anderen ein ideologischer, verfassungsrechtlicher, politischer Kampf und nicht vorrangig eine Auseinandersetzung zwischen sozialen Gruppen, unternommen um Veränderungen in der Organisation der Gesellschaft oder Wirtschaft zu erzwingen«.[5]

Diese neowhiggistische Konsens- oder Ideologieinterpretation ist in den folgenden Jahren durch eine Fülle von Arbeiten unterstützt worden, aus denen die Untersuchungen von Gordon S. Wood (*The Creation of the American Republic, 1776-1787*, Chapel Hill 1969) und von J. G. A. Pocock hervorragen, insbesondere sein monumentales Werk *The Machiavellian Moment. Florentine Political Thought and the Atlantic Republican Tradition* (Princeton 1975). Ihnen allen ist gemein, daß sie die Amerikanische Revolution letztlich von ihren ideellen Wurzeln her begreifen und als ausschließlich politisch-verfassungsrechtlichen Konflikt um die richtige Regierungsform interpretieren. In ihrer Sicht einte die Amerikaner ein liberal-individualistischer Grundkonsens, woraus diese Autoren folgern, daß Sozialkonflikte keine das Wesen der Amerikanischen Revolution beeinflussende Rolle spielten.

Es kann nicht verwundern, daß die tiefgreifenden Konflikte innerhalb der amerikanischen Gesellschaft in der zweiten Hälfte der sechziger Jahre und in den siebziger Jahren die Frage nach der Revolution neu stellten und damit wachsende Zweifel an der liberalen Konsens-Interpretation aufkommen ließen, als deren Ergebnis die Rolle des Konflikts in der Amerikanischen Revolution erneut stärkere Beachtung findet. Zu den wichtigsten seither erschienenen Werken gehören Richard A. Ryerson, *The Revolution is now Begun. The Radical Committees of Philadelphia, 1765-1776* (Philadelphia 1978), Gary B. Nash, *The Urban Crucible. Social Change, Political Consciousness, and the Origins of the American Revolution* (Cambridge/Mass. 1979), Edward Countryman, *A People in Revolution. The American Revolution and*

Political Society in New York, 1760-1790 (Baltimore 1981), A. R. Ekirch, *»Poor Carolina«: Politics and Society in Colonial North Carolina, 1729-1776* (Chapel Hill 1981), Rhys Isaac, *The Transformation of Virginia 1740-1790* (Chapel Hill 1982), u. a. Obwohl ihnen die Forschungsansätze der progressiven Historiker ungleich bedeutsamer erscheinen, als sie es nach der Überzeugung der Konsens-Historiker waren, stellen ihre Arbeiten keine pauschale Rückkehr zu den wissenschaftlichen Positionen des Jahrhundertbeginns dar. Vielmehr versuchen sie, mit neuen Methoden und erweiterten Fragen den Blick, über den ideologischen Bereich hinausgehend, auf die Mittel- und unteren Mittelschichten – *the people* – auszuweiten und damit zu einem vertieften und differenzierteren Verständnis der Amerikanischen Revolution beizutragen. Im Einklang mit modernen soziologischen Konflikttheorien bilden daher soziale und ökonomische Konflikte einen erheblichen Teil ihrer Darstellungen, so daß wir im Zuge dieser Arbeiten offensichtlich gegenwärtig in ein neues Stadium der Interpretation der Amerikanischen Revolution eingetreten sind.

In diesen konträren Interpretationen der Amerikanischen Revolution wird ihre Rolle im nationalen Selbstverständnis der Vereinigten Staaten immer deutlicher. Die Amerikanische Revolution ist heute in der politischen Kultur des Landes zu einem Mythos geworden, der ihre historische Existenz zwar nicht, wie früher mitunter geschehen, lieber in Abrede stellen möchte, der jedoch bemüht ist, die konkrete Ausformung in ihrer Zeit durch die herrschende politische Ideologie der Gegenwart zu ersetzen. Dieser Mythos der Amerikanischen Revolution, und dafür mag der eingangs zitierte Hartz bis in unsere, politisch unter anderen Vorzeichen stehenden Tage als Beispiel dienen, speist immer wieder jene Vorstellung, daß das gemeinsame machtvolle »Anpacken« eines Problems geradezu automatisch zu seiner Lösung führen wird, daß Einsatz und Erfolg in einer direkten Beziehung zueinander stehen, wo doch die komplexere Situation Europas diesen naiv-optimistischen Aufklärungsglauben spätestens mit der Französischen Revolution unwiederbringlich zerstört hat.

Die Geschichte der Amerikanischen Revolution in den Vereinigten Staaten von heute hat daher eine doppelte Bedeutung: einmal als realhistorischer Vorgang, der vor rund zweihundert Jahren zur Gründung der Vereinigten Staaten von Amerika führte, zum anderen als Mythos, dessen Ausbildung noch im späten 18. Jahrhundert einsetzte und der heute fester Bestandteil der politischen Kultur des Landes und des Selbstverständnisses der Nation geworden ist und in ritualisierter Form jedes Jahr in den Feiern zum 4. Juli neu beschworen wird.

Dieser bewußt knapp gehaltene Band beschäftigt sich allein mit dem ersten Problemkreis, mit der Geschichte der Amerikanischen Revolution vor allem in den Jahren zwischen 1763 und 1787. Er geht dabei von der im folgenden zu belegenden Prämisse aus, daß es sich bei der Amerikanischen Revolution um mehr als um einen reinen Unabhängigkeitskrieg handelte, daß vielmehr für sie gilt, was für alle einschneidenden Revolutionen zutrifft, daß sie jeweils besonders drastische Zäsuren in der historischen Entwicklung eines Landes darstellen, deren Herausforderung sich auch nachfolgende Generationen nicht zu entziehen vermögen. In ihnen verdichtet sich historisches Geschehen in einer Weise, daß aus akutem, mitunter eher banalem Anlaß die Entwicklungsprobleme oft von Jahrhunderten eruptiv aufbrechen und eine Konzentration menschlichen Handelns herbeiführen, wie es außerhalb von Revolutionen kaum wieder erreicht wird. Auch die Amerikanische Revolution stellt daher eine Art Gradmesser zur Bewertung sowohl der sozioökonomischen Probleme des Landes als auch des Ausmaßes der politischen Reife seiner Bevölkerung dar, also zur Beurteilung der politischen Kultur Amerikas in der zweiten Hälfte des 18. Jahrhunderts.

Wenn auch beide Faktoren bewirkt haben, daß die Amerikanische Revolution letztlich nicht zu einem Krieg von »arm« gegen »reich« wurde, muß im Zentrum der folgenden, mitunter thesenartig verkürzten Betrachtungen das soziale Gefüge der Kolonien und nachfolgenden Staaten mit seinem immanenten Konfliktpotential stehen, da, wie in jeder Gesellschaft, erst die Verdeutlichung der Austragung dieses innergesellschaftlichen Konflikts die Einordnung seiner Ergebnisse in einen größeren Zusammenhang und damit die Bewertung der nationalen wie globalen Bedeutung der Amerikanischen Revolution ermöglicht.

II. Vorbedingungen der kolonialen Entwicklung

Die Amerikanische Revolution war die Geburtsstunde der Vereinigten Staaten von Amerika. Es war jedoch keine Geburt aus dem Nichts. Ihr vorausgegangen war die Existenz sowohl von dreizehn verschiedenen, z. T. über 150 Jahre alten Kolonien mit jeweils eigener Siedlungs- und Wirtschaftsentwicklung, mit abweichenden ethnischen und sozialen Strukturen als auch eine ihnen gemeinsame, sich zunehmend verschärfende politisch-ökonomische Krise. Es gilt für eine Analyse der Amerikanischen Revolution mithin beides zu berücksichtigen, sowohl die langfristig angelegten strukturellen Probleme als auch die kurzfristig wirksamen Ereignisse, die zudem häufig von einem außerhalb der Kolonien liegenden Entscheidungszentrum – von London aus – ihren Ausgangspunkt nahmen und damit der unmittelbaren Einwirkungsmöglichkeit der Kolonisten weitgehend entzogen waren. Um diese Problematik zu verdeutlichen, ist kein historisch-chronologischer Abriß der amerikanischen Kolonialgeschichte erforderlich, wohl aber eine Untersuchung der drei entscheidenden Strukturebenen: der innenpolitisch-kolonialen, der ökonomisch-sozialen und der außenpolitisch-imperialen. Ihre jeweils besonderen Probleme sollen in diesem Zusammenhang aber nur insoweit dargestellt werden, wie sie als Vorbedingungen für die Amerikanische Revolution gelten können.

1. Instabilität der Kolonialherrschaft

Von den strukturellen Vorbedingungen der Amerikanischen Revolution kommt der politischen Ebene die größte Bedeutung zu, da auf ihr bereits jahrzehntelang drei Faktoren wirksam waren, die dann in der entscheidenden Krise des amerikanischen *Ancien Régime* eine politisch durchschlagende Relevanz erhielten: die vergleichsweise große Mitwirkung von Teilen der Bevölkerung an der Verwaltung der Kolonien, die daraus erwachsene politische Erfahrung zumal der späteren revolutionären Elite sowohl im

Umgang mit politischen Gegnern als auch in Rückwirkung auf die Bevölkerung und schließlich der latente und immer wieder vehement aufbrechende politische Konflikt zwischen verschiedenen politisch-sozialen Gruppen innerhalb der kolonialen Oberschicht einschließlich den Vertretern der englischen Krone. Wenn in diesem Zusammenhang das Wort von der Krise des amerikanischen Ancien Régime gebraucht worden ist, so, weil sich das politische System der englischen Kolonialverwaltung durchaus in einer dem französischen Ancien Régime vergleichbaren Krise vor Revolutionsausbruch befand. Jedoch muß mit allem Nachdruck betont werden, daß diese Krise sich gerade darin von der französischen strukturell unterschied, daß die französische revolutionäre Elite von 1789 zuvor keine Periode eigener politischer Praxis erlebt hatte und – sieht man einmal von der kurzlebigen Episode der *Assemblées provinciales* ab – kaum über Erfahrung im Umgang mit politischen Konflikten verfügte. Außerdem war die französische Bevölkerung vor 1789 in wesentlich größerem Maße selbst von rudimentären Formen politischer Partizipation ausgeschlossen, als dies in nahezu allen amerikanischen Kolonien vor 1776 der Fall war.

Die ausgedehnteren Formen der Teilnahme am öffentlichen Leben in den Kolonien wurzelten in erheblichem Maße in deren Entstehung. Die Gründungen im frühen 17. Jahrhundert in Virginia und in Neuengland waren im Gegensatz zu den großen spanischen Besitzungen in Mittel- und Südamerika primär keine Eroberungskolonien, sondern Siedlungskolonien staatlich privilegierter, mit immensen Ländereien ausgestatteter, privater Gesellschaften, deren Bemühungen um Besiedlung und Organisation ihrer Besitzungen erst während der Restaurationsepoche in England (1660 bis 1688) größeres staatliches Interesse zu finden begannen. Angesichts der beträchtlichen Entfernung von England waren daher die ersten Kolonisten, die England nicht im staatlichen Auftrag, sondern in Ausnutzung einer sozialen Ventilfunktion verlassen hatten, weitgehend auf sich gestellt und darauf angewiesen, ihr öffentliches Leben mehr oder weniger autonom zu regeln. Dabei spielten säkulare, der englischen Sozialstruktur entliehene Ordnungsvorstellungen ebenso eine Rolle wie religiös bestimmte Konzepte der Gemeindeverwaltung.

Obwohl das englische Sektenwesen im Mutterland, verglichen mit der anglikanischen Hochkirche, sozial gesehen eine Nebenrolle spielte, wurde es in den amerikanischen Kolonien angesichts des weitgehenden Fehlens der etablierten Bischofskirche zu einem das religiöse Leben wie die gesellschaftliche Ordnung prägenden Faktor. Die Kirchengemeinde wurde damit zu der nach der Familie kleinsten Sozialisationseinheit, der geradezu automatisch weitergehende politisch-soziale Funktionen zufielen. So wie diese Sektenkirche sich selber verwaltete, wurde auch im politischen Bereich das Prinzip der gemeindlichen Selbstverwaltung zum konstitutiven Merkmal der im 17. und in der ersten Hälfte des 18. Jahrhunderts rasch wachsenden Zahl kolonialer Ansiedlungen entlang der nordamerikanischen Atlantikküste. Diese Selbstverwaltung, der weder eine mit bischöflicher Autorität auftretende Amtskirche noch ein mit überkommenen Privilegien ausgestatteter Adel politisch gegenüberstand, fand ihr politisches Agitationszentrum in den gewählten Unterhäusern der kolonialen Parlamente oder *Assemblies*, wie sie zumeist genannt wurden.

Diese Unterhäuser sollten entsprechend englischer Praxis eine Art repräsentatives Element in der Verwaltung der jeweiligen Kolonie verkörpern, während die exekutive Gewalt in den meisten Kolonien in der Hand eines vom König ernannten Gouverneurs lag, dem in der Regel ein stellvertretender Gouverneur und ein, häufig vom Gouverneur ausgewählter und vom Londoner Handelsministerium *(Board of Trade)* auf Lebenszeit ernannter, ungefähr zwölfköpfiger Gouverneursrat zur Seite stand, der in Analogie zum englischen Oberhaus als zweite Kammer fungierte und gemeinsam mit dem Gouverneur weitreichende exekutive, judikative und legislative Funktionen besaß. Acht der dreizehn Gründungsstaaten der späteren Vereinigten Staaten (Virginia, Nord- und Südkarolina, Georgia im Süden, Massachusetts und New Hampshire im Norden und New York und New Jersey in der Mitte) waren im 18. Jahrhundert schließlich in dieser Form als sog. »Königliche Kolonien« konstituiert, während drei Kolonien (Pennsylvania, Delaware und Maryland) bis 1775/76 ihren ursprünglichen Status als Eigentümerkolonien (im Besitz der Penn- bzw. der Calvert-Baltimore-Familie) beizubehalten vermochten und Connecticut und Rhode Island in den siebziger Jahren des 17. Jahrhunderts einen königlichen Freibrief erhielten und als sogenannte *Charter*-Kolonien mit weitgehender Selbstverwaltung fortbestanden.

Die *Lower Houses* dieser Kolonien, ob das *House of Burgesses* in

Virginia, der *General Court* von Massachusetts, das New Yorker *House of Assembly* oder die *Commons* von Südkarolina, haben während der gesamten Kolonialzeit – letztlich erfolgreich – ähnlich dem englischen Unterhaus versucht, diese Machtstrukturen zu ihren Gunsten zu verändern. Wie im Fall des Londoner Parlaments erwies sich die Finanzproblematik als geeigneter Hebel. Die *Lower Houses* haben im Lauf der Zeit durchsetzen können, daß ihnen allein das Recht zustand, Steuern zu bewilligen, um auf diese Weise die Einnahmen der Kolonien zu kontrollieren und zugleich die Verwendung dieser Mittel und somit ebenfalls die Ausgaben festzulegen. Über den Umweg der Einnahmen- und Ausgabenpolitik der Kolonien verfügten die gesetzgebenden Körperschaften nicht nur über ein erhebliches Mitspracherecht hinsichtlich der Politik ihrer Kolonien, zugleich hatte auch der Gedanke der repräsentativen Regierung, der in der Amerikanischen Revolution von so weitreichender Bedeutung sein sollte, dank dieser Entwicklung bis 1763 erhebliche praktische Bedeutung erhalten. Damit ist zugleich bereits ein wesentliches Phänomen der Amerikanischen Revolution im Unterschied etwa zur späteren Französischen Revolution angedeutet: In Amerika beruhten zahlreiche theoretische Konzeptionen der Revolution auf unmittelbar erlebter, praktischer Erfahrung, während sie in anderen Ländern bislang lediglich theoretisch erfaßbar waren, mit allen sich daraus zusätzlich ergebenden Schwierigkeiten ihrer praktischen Umsetzung mangels jeglicher einschlägigen Erfahrung.

Die Erkämpfung der Finanzhoheit durch die Lower Houses der kolonialen Parlamente hatte zwar zu einer gewissen Machtverschiebung innerhalb der Kolonien von der königlichen oder Eigentümergewalt hin zu einem größeren Mitspracherecht der führenden politischen Kräfte der jeweiligen Kolonie geführt. Allein hätte diese Entwicklung aber noch nicht zur latenten Instabilität des politischen Systems geführt, wäre nicht ein weiterer Aspekt hinzugekommen. Die von den Legislativen kontrollierten Ausgaben schlossen auch die Gehälter und Aufwandsentschädigungen für die Repräsentanten der Kolonie, allen voran den Gouverneur, ein. Mit anderen Worten: der Gouverneur war finanziell von der Assembly abhängig. Da ein Gouverneursamt in einer amerikanischen Kolonie aber unter seinen englischen Anwärtern als Pfründe galt, war zumal in politisch kontroversen

Zeiten die jährliche Bewilligung an den Gouverneur ein Politikum ersten Ranges. In einer Phase ohnehin weit verbreiteter Korruption versuchte daher manches Unterhaus nur zu gern, mit Hilfe dieses Druckmittels den Gouverneur für die eigenen politischen Vorstellungen empfänglich zu machen, vereinzelt sogar durch Verweigerungstaktik mißliebige oder unzugängliche Gouverneure loszuwerden. Da diese Politik des finanziellen Drucks ihre größten Erfolgsaussichten in den königlichen Kolonien besaß, war sie ein wesentlicher Grund für die politische Agitation, noch bestehende Eigentümerkolonien in königliche Kolonien umzuwandeln; eine innenpolitische Auseinandersetzung, die den politischen Alltag etwa in Pennsylvania bis zum Revolutionsausbruch mitgeprägt hat.

Gewiß hat es im Laufe der Jahrzehnte auch die eine oder andere starke Persönlichkeit unter den englischen Gouverneuren gegeben, die sich kraft ihrer natürlichen Autorität derartigen Bestrebungen erfolgreich zu widersetzen vermochte. Weniger dominante Persönlichkeiten jedoch sowie Krisensituationen – ob aus innenpolitischen oder aus außenpolitisch-militärischen Ursachen – haben aber nur zu oft die in diesem System angelegte latente Instabilität, die Exekutive wie Legislative paralysierte, zum offenen Ausbruch kommen lassen und damit immer wieder die Frage nach der bestehenden politischen Ordnung, ihrem Sinn und in Extremfällen nach ihrer Legitimation aufgeworfen. Ein signifikantes Beispiel hierfür ist Massachusetts, das durch die zahlreichen Kriege während seiner Kolonialzeit mehr als andere Kolonien die Last der englischen Politik zu tragen hatte, was zu einer besonders starken Opposition gegen sie und damit immer wieder zur Paralyse der kolonialen Politik geführt hat.[1]

Massachusetts kann im Hinblick auf diese Situation sicher nicht stellvertretend für alle übrigen Kolonien stehen, doch scheint es sehr fraglich, ob die anhaltende politische Konfrontation zwischen Exekutive und Legislative in der Mehrzahl der Kolonien tatsächlich eher zu einer Dynamisierung der Politik führte.[2] Bedeutsamer scheint hingegen zu sein, daß durch diesen anhaltenden politischen Systemkonflikt erstens England nicht in der Lage war, eine auf Dauer stabile, mit ungetrübter Autorität auftretende und handelnde Kolonialverwaltung aufzubauen; zweitens das politische Gewicht sich zunehmend zu den immer selbstbewußter auftretenden legislativen Organen verschob und drittens die in diesen Kammern agierenden politischen Führer sich in wachsen- dem Maße in der Rolle sahen, die eigentlichen Sachwalter der kolonialen und schließlich auch der gesamtkolonialen Interessen zu sein.

Mehrere Faktoren haben zu dieser Entwicklung im Lauf des 18. Jahrhunderts beigetragen. Dazu gehört, daß mit der Zunahme des politischen Gewichts der Legislativen diese, über Finanzen und Ausgaben hinausgehend, schließlich das gesamte parlamentarische Verfahren fest zu kontrollieren verstanden hatten und ihren Einfluß zunehmend in den exekutiven Bereich ausdehnten, indem sie immer häufiger Männer ihres Vertrauens – statt jene des Gouverneurs – in Exekutivämter entsandten, darunter Steuerbeamte und Richter, die *Colonial Agents* genannten offiziösen Interessenvertreter der Kolonien bei der britischen Regierung in London wie bei der Vergabe des Druckmonopols für öffentliche Verlautbarungen u. a. Eine Stabilisierung der Herrschaft im Sinn der englischen Kolonialpolitik ist dadurch zunehmend erschwert worden.[3]

Ein weiterer Aspekt hat indirekt zur latenten Instabilität der britischen Kolonialverwaltung beigetragen: die Wahlen und das Wahlverhalten. In der Entwicklung von der Kirchengemeinde zur politischen Gemeinde, ob als *Township* (kleine Landstadt) in Neuengland oder als *County* (Landkreis mit verstreuten Plantagenansiedlungen) im Süden, hatte sich das Recht, aktiv am politischen Gemeindeleben teilzunehmen, anders entwickelt, als das im zeitgenössischen England aufgrund historisch gewachsener Privilegienstrukturen der Fall war. Jeder erwachsene männliche weiße Einwohner konnte in den Kolonien seine Stimme erheben und an Wahlen teilnehmen, wenn sein Interesse am Gemeindeleben als vorhanden galt. Als Nachweis dieses manifesten Interesses galt Besitz, häufig in Form von Landbesitz, für den je nach Kolonie eine Mindestgröße von 25, 50, im Ausnahmefall sogar 100 *Acres* (etwa 40 ha) vorgeschrieben sein konnte, während in anderen Kolonien der Wert des Landbesitzes als Grundlage diente, der meist 40, höchstens 50 £ betragen mußte. In anderen Kolonien wiederum, zumal in jenen, in denen es im 18. Jahrhundert nennenswerte Städte gab, konnten zur Festsetzung der Eigentumsqualifikation auch Gerätschaften, Vieh, Kleidung und Möbel dienen.

Welche Bedeutung hatten diese Besitzhürden im 18. Jahrhundert hinsichtlich der Mitwirkungsmöglichkeiten am politischen

Leben? Eine viel beachtete, aus der Epoche der Konsens-Historiographie stammende Untersuchung hat bestritten, daß durch diese Eigentumsqualifikation, zumindest was Massachusetts betraf, ein nennenswerter Teil der Bevölkerung von der Teilnahme an den Wahlen ausgeschlossen worden sei. Statt dessen hat er von einer *Middle-Class Democracy* im 18. Jahrhundert gesprochen.[4] Mindestens drei Bemerkungen müssen dem entgegengehalten werden. Zum einen ist ein der politischen Sprache der fünfziger Jahre unseres Jahrhunderts entlehnter Begriff wie Middle-Class Democracy terminologisch sicherlich zu unpräzise, um pauschal auf das 18. Jahrhundert, in dem wir es mit andersartigen Gesellschaftsstrukturen zu tun haben, angewandt zu werden. Wenn überhaupt auf das amerikanische 18. Jahrhundert anwendbar, bedeutete Demokratie zu diesem Zeitpunkt etwas wesentlich anderes als in der Mitte und zweiten Hälfte des 20. Jahrhunderts.

Wenn mithin ein derart unkritisch verwandter Begriff zur Klärung des Sachverhalts wenig beiträgt, mag eine zweite Feststellung in der Beantwortung der aufgeworfenen Frage weiterführen. Ohne dem noch zu behandelnden Problem der unterschiedlichen sozioökonomischen Entwicklung in den einzelnen Kolonien im 18. Jahrhundert vorzugreifen, läßt sich bereits jetzt festhalten, daß angesichts dieser Unterschiede und der abweichenden Höhe und Art der vorgeschriebenen Eigentumsqualifikation ihr disqualifizierender Effekt von Kolonie zu Kolonie unterschiedlich war, zumal, wenn man noch das subjektive Verhalten staatlicher Organe in Rechnung stellt, wie – und wenn, in welcher Weise – die Erfüllung der gesetzlichen Vorschriften überprüft wurde. Berücksichtigt man diese Faktoren, scheint die generalisierende Annahme, daß insgesamt 60 bis 70% der erwachsenen männlichen weißen Einwohner in den Kolonien im 18. Jahrhundert das Wahlrecht ausüben konnten, durchaus realistisch. Damit lag der Prozentsatz jener, die am öffentlichen Leben teilnehmen konnten, deutlich höher als im England jener Zeit und ungefähr doppelt so hoch wie in Frankreich in der ersten Phase der Revolution bis zum August 1792. Nicht die Tatsache, daß Frauen, Sklaven, freie Neger, Indianer und weniger bemittelte Weiße von der Teilnahme an den Wahlen ausgeschlossen blieben, ist historisch bemerkenswert, sondern der aus der Sicht jener Zeit relativ hohe Grad an politischer Partizipation.

Hierin lag jedoch eine doppelte Problematik, die zur Destabilisierung der politischen Situation in den sechziger und siebziger Jahren des 18. Jahrhunderts nachhaltig beitragen sollte. Die relativ breite Möglichkeit der Teilnahme am politischen Leben hat weite Bevölkerungsteile schon frühzeitig an das politische Leben der Kolonien herangeführt, so daß der Politisierungsprozeß breiter Bevölkerungsschichten anders als in Frankreich bereits der Revolution vorausgegangen war.

Als noch folgenreicher sollte sich jedoch als dritter Faktor das Wahlverhalten erweisen. John Adams, führender politischer Repräsentant von Massachusetts und späterer Präsident der Vereinigten Staaten, hat dies einmal mit der Feststellung umschrieben: »Gehen Sie in jedes Dorf in Neuengland, und Sie werden bemerken, daß das Amt des Friedensrichters und sogar das des Abgeordneten, die immer ausschließlich durch die freieste Wahl des Volkes besetzt wurden, im allgemeinen von Generation zu Generation in höchsten drei oder vier Familien verblieben sind.«[5] Ob in Massachusetts oder in Virginia, in allen Kolonien war die sozioökonomische Oberschicht vor 1763 meist erfolgreich darum bemüht, ihre Position politisch abzusichern, indem sie durch Entwicklung von Wahlverfahren und insbesondere durch die Steuerung des Wahlverhaltens dafür Sorge trug, daß sie oder ihre Vertreter in den Besitz der Wahlämter kamen und unangefochten verblieben. Was nach außen formal mehr oder weniger demokratisch wirkte, beruhte in der Praxis weitgehend auf oligarchischen Machtstrukturen – und diese lassen die Verwendung des Begriffes »Demokratie« in jener Phase, noch über das oben Gesagte hinausgehend, problematisch erscheinen.[6]

Die in normalen Zeiten relativ sichere und systemstabilisierende politische Klientel der Oberschichten konnte in Krisenzeiten unter mehreren Aspekten leicht zum destabilisierenden Faktor werden: a. wenn sich entweder die Oberschicht spaltete und sich verschiedene, politisch gegeneinander gerichtete Fraktionen bildeten; b. wenn es der Oberschicht gelang, ihre Klientel in ihrem Interesse gegen die vom Gouverneur vertretene Politik zu mobilisieren; c. wenn, wie das zum Teil in den Jahren nach 1763 geschah, die Steuerung des Wahlverhaltens fehlschlug, da sich in der einst sicheren Klientel eigene politische Vorstellungen zu entwickeln begannen, die schließlich gegen die Interessen der Oberschicht die Oberhand gewannen. Der überkommene Respekt vor der politisch-sozialen Hierarchie konnte angesichts des hohen

Politisierungsgrades der Bevölkerung relativ rasch verlorengehen und zu einer entscheidenden Verschärfung der Krise und damit zur latenten Instabilität des Systems beitragen.

Einfluß auf dieses politische Verhalten sowohl der Oberschichten als auch von Teilen der Mittel- und unteren Mittelschichten haben dann, zumal nach 1750, die verstärkt von Europa eindringenden politischen Ideen der Aufklärung mit ihrer Betonung von Freiheit und Gleichheit, von Naturrecht und Menschenrechten, von Republik und Volkssouveränität gehabt. Diese politischen Ideen, die einerseits Gedanken verstärkten, die seit den englischen Revolutionen des 17. Jahrhunderts virulent waren und durch die Schriften von James Harrington, Algernon Sidney, John Locke u. a. auch in den Kolonien erhebliche Verbreitung gefunden hatten und – wenn auch in unterschiedlichem Maße – rezipiert worden waren, andrerseits in Gestalt der Ideen des Naturrechts, der Gleichheit, der Volkssouveränität u. a. manchen neuartigen Gedanken einbrachten, haben die schon mehrfach angesprochene politische Instabilität des Systems nicht verursacht. Sie konnten jedoch in einer aus anderen Gründen zunehmend krisenhafter und labiler werdenden Situation Argumente liefern, die geeignet erschienen, die eigene politisch-ökonomisch-soziale Interessenlage mit allgemeineren, prinzipielleren Argumenten zu umschreiben und damit grundsätzlicher und allgemeingültiger zu formulieren.

Ebenfalls nicht eigentlich ursächlich für die latente innere politische Instabilität der Kolonien war das System der englischen Kolonialverwaltung, das zwar den Kolonien weitgehende politische Handlungsfreiheit zur Regelung ihrer inneren Angelegenheiten ließ, aber die Rechtswirksamkeit der Beschlüsse und Gesetze der kolonialen Parlamente von der Zustimmung des Londoner *Board of Trade* abhängig machte. Vom ausgehenden 17. Jahrhundert bis 1775/76 haben dem Ministerium annähernd 9000 Gesetze zur Zustimmung vorgelegen, von denen weniger als 500 zurückgewiesen wurden, prozentual am häufigsten in den ersten Jahrzehnten. Das dadurch hervorgerufene Ausmaß an politischer Unsicherheit und eventueller Labilität war unmittelbar sicherlich gering. Eine Folge war jedoch, daß die kolonialen Legislativen immer häufiger zu der Praxis übergingen, zeitlich begrenzte Gesetze zu beschließen, die angesichts der langwierigen Atlantiküberquerungen *de facto* automatisch dem Zugriff der Londoner

Regierung entzogen waren, eine Situation, die der Herrschaftsstabilisierung im Sinne der britischen Kolonialverwaltung gewiß auf
Dauer nicht förderlich war.

Insgesamt läßt sich daher festhalten, daß die rund anderthalb
Jahrhunderte während britische Kolonialverwaltung strukturell
keineswegs so gefestigt war, wie das nach außen erscheinen
mochte. Nicht, daß in irgendeiner signifikanten Weise vor 1763
der Ruf nach Unabhängigkeit laut geworden wäre, die britische
Kolonialherrschaft wies jedoch sowohl ein erhebliches Moment
politischer Instabilität auf als auch einen säkularen Trend der
Machtverschiebung hin zu autochthonen politischen Kräften innerhalb der amerikanischen Kolonien. Damit einhergegangen war
nicht nur eine Politisierung der kolonialen Oberschichten, sondern auch erheblicher Teile der jeweiligen Mittel- und unteren
Mittelschichten. Als die britische Regierung nach Ende des Siebenjährigen Krieges 1763 versuchte, diese Entwicklung zu brechen, ihrer Kolonialherrschaft ein größeres Maß an innerer
Stabilität zu geben und damit zugleich den Einfluß der britischen
Politik stärker zur Geltung zu bringen, war der Konflikt mit den
politischen Kräften innerhalb der Kolonien, zumal mit der über
Macht und Ansehen verfügenden kolonialen Oberschicht praktisch unausweichlich.

2. Entwicklung von Gesellschaft und Wirtschaft

Nach der Skizzierung der allgemeinen Rahmenbedingungen und
des Machtgefüges zwischen den amerikanischen Kolonien und
dem Mutterland stellt sich die Frage, welches die Vorbedingungen
im gesellschaftlichen und wirtschaftlichen Bereich waren, auf welche die Krise seit 1763 einwirkte. Um diesen Komplex angemes-
sen erfassen zu können, ist es erforderlich, sich über die
unterschiedlichen Voraussetzungen der Kolonien klarzuwerden.
Es gab Kolonien, die im 17. Jahrhundert aus religiösen Überzeu-
gungen entstanden waren, insbesondere die puritanische Gründung in Massachusetts, die ein »Neues Jerusalem«, eine Gott
wohlgefällige, strenggläubige Stätte wahren Christentums sein
wollte, und zum anderen am Jahrhundertende die Quäkergrün-
dung in Pennsylvania, ein vom Gedanken der Toleranz getragener
Zufluchtsort religiöser Minderheiten.

Die Konsequenzen waren weitreichend. Die in und um Boston siedelnden, von Gott auserwählten Puritaner, die ihr »heiliges Experiment« nicht verwässert sehen wollten, blieben weitgehend unter sich, d. h., ihrer ethnischen Herkunft nach war die Bevölkerung von Massachusetts nahezu ausschließlich englischen Ursprungs, von einigen Iren und Schwarzen im 18. Jahrhundert abgesehen. Hier wurde zeitweilig ein betont intolerantes, nahezu theokratisches Regime errichtet, das religiöse Dissidenten zum Abzug bewog und damit zur Gründung von Connecticut und Rhode Island beitrug, die nicht-puritanisch, toleranter und offener waren.

Nicht allein der religiöse Aspekt war für die neuengländischen Kolonien bedeutsam. Das Land am Nordatlantik war felsig, mit vielen natürlichen Häfen und kargen Böden im waldreichen Landesinnern ausgestattet. Die bestimmenden Faktoren für die ökonomische Entwicklung waren daher sowohl von den natürlichen Gegebenheiten des Landes als auch von der religiösen Einstellung der Bevölkerungsmehrheit vorgezeichnet: Schiffsbau und Überseehandel entwickelten sich zu einflußreichen Zweigen der neuengländischen Wirtschaft. Damit ging eine in absoluten Zahlen eher bescheiden wirkende, jedoch prozentual und im Vergleich zu anderen Kolonien nennenswerte Urbanisierung einher. Mitte des 18. Jahrhunderts zählten Boston und Newport zu den wenigen größeren amerikanischen Städten mit einer Bevölkerung von über 15 000 bzw. fast 10 000 Einwohnern. Außer diesen urbanen Zentren gab es etwa zehn weitere Städte, die um 1770 mehr als 3000 Einwohner zählten, sowie die Fülle kleiner Landstädte und Dörfer, deren wesentlicher Erwerbszweig die Landwirtschaft war. Mit steigender Bevölkerungszahl reichten die mageren Böden zur Ernährung nicht mehr aus, so daß sich die Siedlungsgrenze kontinuierlich weiter ins Landesinnere vorschob und schließlich im 18. Jahrhundert die Dörfer auseinanderzubrechen begannen.

Ganz anders war die Situation im über fünfzig Jahre später gegründeten Pennsylvania. In der weiteren Umgebung der 1682 angelegten Stadt Philadelphia hatten zuvor bereits kleinere schwedische und dänische Siedlungen bestanden, und in den folgenden Jahren erlebte die Kolonie einen starken Zustrom nicht nur englischer Siedler, sondern ebenso holländischer, deutscher, schweizerischer u. a. Auswanderer, die in Pennsylvania Zuflucht vor religiöser Unterdrückung und wirtschaftlicher Not suchten. Die

Bevölkerungszahl von Philadelphia wuchs rapide an, 1776 war sie mit ca. 40 000 Einwohnern die mit Abstand größte Stadt Nordamerikas, blühend und pulsierend, und ihr fruchtbares Hinterland gab einer ständig wachsenden Zahl selbständiger Farmer hinreichend Nahrung und Auskommen.

Keine andere nordamerikanische Kolonie bot im 18. Jahrhundert ein ethnisch so heterogenes Bild bei zugleich relativ geringem Anteil englischstämmiger Siedler wie Pennsylvania. Dabei war New York alles andere als homogen. Schon sein holländischer Ursprung stand dem entgegen; und mit der englischen Eroberung in den Jahren der Restauration im 17. Jahrhundert waren die holländischen Siedler und Strukturen keineswegs über Nacht verschwunden. Die Hafenstadt am Südzipfel der Insel Manhattan blieb eine buntgemischte Stadt mit Engländern, Holländern, Deutschen, Iren, Juden und anderen ethnischen Gruppen und zahlreichen Religionsgemeinschaften, während sich Hunderttausende Hektar fruchtbaren Ackerlandes im nördlich davon gelegenen Hudsontal in der Hand einiger weniger Latifundienbesitzer befanden, die Parzellen ihrer Ländereien an eine wachsende Zahl von Farmern verpachteten.

Die südlichen Kolonien verdankten ihre Existenz und Entwicklung überwiegend anderen Faktoren. Philanthropische und damit verknüpft religiöse Motive hatten bei der Gründung der jüngsten Kolonie, Georgia, um 1730 eine Rolle gespielt. Bei den übrigen Kolonien dieser Region jedoch hatte der ökonomische Aspekt stets ein ganz besonderes Gewicht besessen. Sie entwickelten sich im 18. Jahrhundert in zunehmendem Maße zu Großerzeugern der in Europa benötigten Agrarprodukte, darunter Tabak, Reis, Indigo, Baumwolle u. a. Diese wurden auf ausgedehnten Plantagen in den flachen Küstenregionen unter Ausbeutung einer ständig wachsenden Zahl von schwarzen Sklaven erzeugt und im Zeichen von Merkantilismus und englischen *Navigation Acts* durchweg zur Weiterverarbeitung in die Manufakturen Großbritanniens verschifft. Wo es keins dieser agrarischen Hauptprodukte gab, war die Entwicklung des Landes zurückgeblieben und zum Siedlungsraum einer eher armen weißen Bevölkerung geworden, die fast ausschließlich von den britischen Inseln oder aus anderen nordamerikanischen Kolonien eingewandert war. Angesichts dieser Wirtschaftsstruktur im Zeichen eines säkularen Aufschwungs gab es kaum Städte im Süden – Charleston mit rund 10 000 Einwohnern am Vorabend der Revolution ist die einzig nennenswerte Ausnahme –, mit der Folge, daß sich der lebenswichtige Überseehandel für den Import von Sklaven und den Export der Agrarprodukte nahezu ausschließlich in der Hand britischer oder neuengländischer Großkaufleute befand. Damit war die Region mehr als andere ökonomisch von außen abhängig und ihre Oberschicht, die luxuriös lebende sog. Pflanzeraristokratie, deren Mitglieder meist über Tausende Hektar Land und Hunderte von Sklaven verfügten, zum Teil erheblich in Großbritannien verschuldet.

Diese grob skizzierte Entwicklung hatte bewirkt, daß die dreizehn englischen Kolonien an der Nordatlantikküste zwischen Nova Scotia und Florida bei Ausbruch des Unabhängigkeitskrieges etwa 2,4 Millionen Einwohner aufwiesen, von denen über ein Fünftel schwarze Sklaven waren. Rund 47% dieser 2,4 Millionen, einschließlich 90% der Sklaven, lebten in den südlichen Kolonien, während von den verbleibenden 53% der Gesamtbevölkerung gut 27% auf die mittleren Kolonien (Pennsylvania, New York und New Jersey) und knapp 26% auf die Neuenglandkolonien entfielen. Legt man allein die freie weiße Bevölkerung zugrunde, verteilte sie sich fast gleichmäßig mit je einem Drittel auf die drei Regionen. Vermutlich etwa 7% der Gesamtbevölkerung bewohnten die 20 Städte mit mehr als 3000 Einwohnern, während etwa 90% in Neuengland und 98% in den südlichen Kolonien auf dem Land lebten. Von den knapp 2 Millionen weißen Einwohnern waren rund 60% englischer und jeweils 8 bis 9% deutscher bzw. schottischer Abstammung. Außerdem kamen etwas mehr als 9% Iren hinzu (mehrheitlich protestantische Nordiren, die sog. *Scotch-Irish*). Hatten sich die Deutschen vornehmlich in Pennsylvania, Maryland und New Jersey angesiedelt, waren die Schotten und Iren überproportional in den südlichen Kolonien, einschließlich Pennsylvanias, vertreten.

Bei Ausbruch des Unabhängigkeitskrieges war praktisch die gesamte Küstenregion zwischen Nova Scotia und Florida durchgehend besiedelt; zumeist den Flußläufen folgend, hatte sich die Siedlungsgrenze an etlichen Stellen bereits nach Westen bis an die Abhänge der Appalachen vorgeschoben, wobei zugleich die Indianer zurückgedrängt wurden, so daß sie lediglich noch über eine Reihe isolierter Siedlungsräume zwischen dem oberen New York und Georgia verfügten. Von einer dichten weißen Besiedlung konnte am Vorabend der Revolution jedoch lediglich in den unmittelbaren Küstenbereichen, insbesondere zwischen Boston und dem Chesapeake-Gebiet, die Rede sein, mit der Folge einer immer spürbarer werdenden Bodenverknappung. Indem dadurch der Zugang zum Landbesitz in diesen alten Siedlungsgebieten zunehmend erschwert wurde, nahm einerseits die politisch-ökonomisch-soziale Ungleichheit zu – der Anteil am gesamten versteuerbaren Reichtum im Südosten Pennsylvanias, über den die ärmsten 30% der Steuerzahler verfügten, war von 17,4% zu Ende des 17. Jahrhunderts auf 6,3% im Jahre 1760 zurückgegangen, während der der reichsten 10% im gleichen Zeitraum von 23,8% auf 29,9% gestiegen war. Deshalb erschien andrerseits der Zug nach Westen einer wachsenden Zahl von Einwanderern als unausweichlich.[7]

Auch andere Faktoren trugen im 18. Jahrhundert noch zur wachsenden Ungleichheit und verstärkten sozialen Differenzierung bei. Die Plantagen- und Sklavenwirtschaft in den südlichen Kolonien mit ihren hohen Anfangsinvestitionen hatte zur Herausbildung einer dünnen Oberschicht geführt, die nicht nur ökonomisch bestimmend war, sondern auch im gesellschaftlichen wie zur eigenen Statusabsicherung im politischen Bereich eine dominante Position in den jeweiligen Kolonien einnahm. Diese auch *Gentlemen Farmers* genannte Pflanzeraristokratie war zwar keine Aristokratie im traditionellen europäischen Wortsinn, verkörperte jedoch im 18. Jahrhundert die unangefochtene Führungselite im Süden, deren Position weder durch die ärmeren weißen Schichten noch durch die ohnehin seltenen Sklavenaufstände in dieser Zeit ernsthaft bedroht war. Während einige Angehörige dieser sozioökonomischen Elite durchaus gebildet und belesen und mit europäischen Auffassungen völlig vertraut waren, füllte eine Reihe ihrer Mitglieder die kolonialen Assemblies und erlernte dort ihr politisches Handwerk, welches sie während der Revolution erfolgreich zu nutzen verstand.

Wenn auch vielleicht weniger offensichtlich, verstärkten sich doch auch in den nördlicheren Kolonien die Symptome der Ungleichheit. Mochte auch Philadelphia und generell Pennsylvania nach außen als geradezu idealer Siedlungsraum für unbemittelte, aber arbeitswillige Einwanderer und nicht zuletzt dank seiner religiösen Toleranz als Stätte der Chancengleichheit erscheinen, kann die prosperierende Masse der Handwerker, Geschäftsleute und Farmer nicht darüber hinwegtäuschen, daß das Land im Südosten der Kolonie rar und teuer geworden war. Aufgrund der konstanten Geldknappheit war die Errichtung einer selbständigen wirtschaftlichen Existenz in der Stadt vielfach schwierig. Die politische Führung in der Kolonie unterhalb der Ebene des Eigentümers lag fest in der Hand einer kleinen, elitären Oberschicht, die nicht von ungefähr als *Proprietary Gentry* bezeichnet wurde.

Selbst im ethnisch so heterogenen Pennsylvania setzte sich diese Oberschicht wie in New York und den übrigen Kolonien de facto ausschließlich aus englischen Einwanderern und deren Nachfahren zusammen. Und wie in Pennsylvania bestimmte auch in New York die kleine Oberschicht aus führenden Handels- und Geschäftsleuten und aus Großgrundbesitzern weitgehend das politisch-soziale Leben der Provinz. In Neuengland und speziell in Massachusetts nahmen diese Rolle die im Überseehandel reich gewordenen Großkaufleute ein, ergänzt durch eine zweite Gruppe, die mit diesen ökonomisch und sozial eng verbunden war, nämlich einige bedeutende Rechtsanwälte, die namhaften *Lawyers* aus Boston.

Insgesamt erscheint es sinnvoll, die Bevölkerung der amerikanischen Kolonien am Vorabend der Revolution in vier Klassen einzuteilen, wenngleich diese »Klassen« mit jenen des europäischen späten 19. Jahrhunderts nicht vergleichbar sind, da sie weniger starr als diese gefügt waren, jedoch durchaus Ansätze eines eigenen Bewußtseins erkennen ließen, mit dem sie sich von den anderen gesellschaftlichen Klassen nach Eigen- und Fremdverständnis abgrenzten. An der Spitze der gesellschaftlichen Pyramide findet sich die sozioökonomische Elite der Kolonien, zu der die Pflanzeraristokratie des Südens, die Latifundienbesitzer New Yorks, die Großkaufleute Neuenglands, aber auch reiche Geschäftsleute aus Philadelphia, New York u. a., die einflußreichen Lawyers aus Boston und weitere Leute mit Reichtum und Ansehen gehörten.

Von dieser Elite lassen sich einerseits die städtischen Mittel- und unteren Mittelklassen abgrenzen, jene Schichten der kleineren Kaufleute und Ladenbesitzer, der Handwerker, der weniger erfolgreichen, meist jüngeren Rechtsanwälte, der Ärzte, Pfarrer, Lehrer. Von ihr zu trennen sind auf dem Land die ländlichen Mittel- und unteren Mittelklassen, zu der die Pächter, insbesondere aber die große Zahl der selbständigen Farmer zu rechnen sind, die durchweg zumindest teilweise für den Markt produzierten, einen gewissen Wohlstand aufweisen mochten, aber längst nicht zur Pflanzeraristokratie oder den Großgrundbesitzern gehörten und selbst im Süden kaum oder gar nicht über Sklaven verfügten.

Als vierte Klasse schließlich muß die Unterschicht verstanden werden, die sog. *Laboring Poor*, einfache Arbeiter und Tagelöhner, Fischer und Seeleute, Witwen, Arme und Arbeitslose, Behinderte und Gescheiterte, die sich hauptsächlich in den – größeren – Städten aufhielten. Hingegen waren ein landloses Proletariat ebenso wie Bettler und Vagabunden in Amerika im Gegensatz zu Europa weitgehend unbekannt, obwohl der Süden neben den meist wenig bemittelten freien Negern auch arme weiße Farmer kannte.[8]

An diesem knapp skizzierten sozialen Gefüge innerhalb der Kolonien am Vorabend der Revolution ist nicht die Tatsache, daß es Ober-, Mittel- und Unterschichten gab, für sich bereits bemerkenswert; diese bestanden, wenn auch in z. T. andersartiger rechtlicher Fixierung und Beziehung zueinander, ebenfalls in Europa. Dennoch unterschied sich die Sozialordnung in den amerikanischen Kolonien, über das Fehlen festgeschriebener politisch-sozialer Privilegierung hinausgehend, in zwei wesentlichen Punkten von der in Europa verbreiteten Hierarchie.

Einerseits war der Anteil der Mittel- und unteren Mittelklassen an der Gesamtgesellschaft sehr viel größer als in irgendeinem europäischen Land in der zweiten Hälfte des 18. Jahrhunderts, und wenn die amerikanischen Zeitgenossen gern von einer Art »Mittelklassen-Gesellschaft« sprachen, verwiesen sie damit auf diese singuläre Situation, ohne damit in Abrede zu stellen, daß zugleich die beiden übrigen Gesellschaftsklassen existierten. Diese amerikanischen Unterschichten der Armen und Unbemittelten, der Deklassierten und Behinderten waren jedoch unverhältnismäßig kleiner als etwa in Frankreich im späten 18. Jahrhundert, wo sie zwischen einem Drittel und der Hälfte der Bevölkerung ausmachten. In Amerika dagegen blieb aufgrund des konstanten Arbeitskräftemangels der Kolonien dieses Phänomen in seinen Dimensionen begrenzt.

Andrerseits ist mit Recht betont worden, daß die kolonialen Gesellschaften bereits um die Mitte des 18. Jahrhunderts ideologisch eindeutig auf diese »Mittelklassen-Gesellschaft« ausgerichtet waren. Angesichts des sehr viel höheren Mobilitätsgrads der Kolonialgesellschaft im Vergleich zur zeitgenössischen sozialen Realität Europas und der potentiell gemeinsamen Erfahrung des Einwanderers mit einem Neubeginn praktisch aus dem Nichts wurden die realen, unterschiedlichen Startbedingungen leicht übersehen und durch den Glauben ersetzt, bei entsprechender »Leistung« den Aufstieg in die vorbildhaft erscheinenden Mittelschichten aus eigener Kraft realisieren zu können. Sicherlich ist dies vielen Einwanderern tatsächlich gelungen, doch der bereits zeitgenössische, u. a. in Benjamin Franklins Autobiographie paradigmatisierte Mythos vom sozialen Aufstieg vom – wie es später gerne hieß – Tellerwäscher zum Millionär war auch im 18. Jahrhundert eher die Ausnahme. Die Existenz dieses Mythos vom prinzipiell allen offenstehenden unbegrenzten Aufstieg ebenso wie die Realität des möglichen, begrenzten Aufstiegs, nicht zuletzt aber auch ein vor 1763 noch wenig hinterfragtes Weltbild, in dem die Bessergestellten allgemein als soziales Vorbild galten, hatten weitreichende sozialpsychische Folgen und haben u. a. verhindert, daß es während der Revolution zu einem diese prägenden Fundamentalkonflikt zwischen Mittel- und Unterschichten kam.

Der zweite Aspekt dieser Ideologie von der »Mittelklassen-Gesellschaft« ist bereits im Zusammenhang der Wahlen und des Wahlverhaltens zur Sprache gekommen: Die politisch führende Oberschicht war angesichts des verbreiteten Wahlrechts gehalten, durch ihre Maßnahmen und Politik die so häufig erfolgreich praktizierte Steuerung des Wahlverhaltens nicht zu gefährden, also zumindest verbal eher auf die Interessen der Mittelschichten einzugehen, als einen politischen Konfrontationskurs gegen sie zu steuern, der langfristig zu einer Gefährdung ihrer eigenen Interessen hätte führen können.[9]

Diese Interessen waren zu einem erheblichen Maß ökonomisch begründet. In den südlichen Kolonien waren diese in ganz unmittelbarer Weise mit der Entwicklung der Agrarproduktion verknüpft. So hatte z. B. der Reisexport von Charleston im 18. Jahrhundert (bis zum Beginn der siebziger Jahre) um mehr als das 60fache zugenommen. Der Indigoexport von Charleston erreichte 1774/75 über 1,1 Millionen Pfund, während er rund 25 Jahre zuvor nicht einmal 140 000 Pfund ausgemacht hatte. Zu

Beginn des Jahrhunderts wurden jährlich 20 bis 30 Millionen Pfund Tabak exportiert, Anfang der siebziger Jahre waren es 100 Millionen Pfund. Die Landwirtschaft des Nordens entwickelte sich weniger spektakulär, aber stetig und war um die Mitte des 18. Jahrhunderts in einigen Gegenden bei der Viehzucht aus Gründen der Exportsteigerung bereits zur Stallfütterung übergegangen, während aus den Mittleren Kolonien vor allem Weizen und Weizenmehl nach England ausgeführt wurde. Insgesamt blieben aber die Gewinne aus dem Export im Süden ungleich größer, und ganz allgemein läßt sich sagen, daß der materielle Wohlstand der besitzenden Schicht des Südens im Durchschnitt mehr als doppelt so groß war wie der der besitzenden Schichten der Mittleren und Neuengland-Kolonien.[10]

Das Wirtschaftsleben stand in den amerikanischen Kolonien vor 1763 ganz allgemein im Zeichen konstanter Expansion. Wie sich die Einwohnerzahl etwa alle 25 Jahre verdoppelte, expandierte auch die Ökonomie. Konstanter Arbeitskräftemangel, verbunden mit im Vergleich zu Europa hohen Arbeitslöhnen trugen zur Entwicklung der Städte und der außeragrarischen Wirtschaftszweige bei. Gewerbe und handwerkliche Produktion erfuhren einen deutlichen Aufschwung, insbesondere aber der Handel sowohl der Kolonien untereinander als auch jenes mit dem Mutterland, Westindien, Afrika und Südeuropa. Gerade hier wirkten sich jedoch wie auch im Bereich des Manufakturwesens die an anderer Stelle noch zu behandelnden britischen Wirtschaftsbeschränkungen aus. Zumal die Mittleren und Neuengland-Kolonien importierten unter diesen Voraussetzungen in wachsendem Maße mehr Waren aus England, als sie im Gegenwert dorthin exportierten; in den sechziger Jahren des 18. Jahrhunderts überstieg der Wert ihrer Importe aus England den Wert ihrer Exporte dorthin um das Fünffache. Während der Süden insgesamt mehr an Wert nach England ausführte als von dort importierte, führte der Handel mit England in den nördlichen Kolonien zu einem ständigen Geldabfluß und trug damit entscheidend zur Geldverknappung in diesen Kolonien bei. Fehlte es hier auf diese Weise an investivem Kapital, konnte der Süden Luxusgüter in England kaufen, womit sich mancher dort privat z. T. erheblich verschuldete.[11]

Mit anderen Worten: Die *Terms of Trade* gestalteten sich zunehmend ungünstiger für die Kolonien und kennzeichneten schließlich auf eine Weise die wirtschaftliche Entwicklung, daß sie besonders im Zeichen der Expansion von vielen als einengend und benachteiligend empfunden werden mußte. Damit trieb die wirtschaftliche Entwicklung der amerikanischen Kolonien nach den von England vorgegebenen Rahmenbedingungen auf einen Kulminationspunkt zu, an dem sich nachdrücklicher als in voraufgegangenen Jahrzehnten die Frage nach einem Wandel der Grundkoordinaten der Wirtschaftspolitik stellte, sollte der säkulare Prosperitätstrend, der von den Kolonisten als in der Natur ihrer erfolgreichen Gründungen liegend empfunden wurde, nicht eine krisenhafte Veränderung erfahren. Wie im Bereich der inneren politischen Ordnung der Kolonien mehrten sich daher zu Beginn der sechziger Jahre des 18. Jahrhunderts auch auf dem Gebiet der Wirtschaftsentwicklung sowohl hinsichtlich der inneramerikanischen Aspekte als auch in Beziehung zum Mutterland die Stimmen, die nach grundlegenden Reformen verlangten.

3. Die äußeren Faktoren

Rund 150 Jahre hat sich die britische Kolonialherrschaft an der nordamerikanischen Küste entwickelt. Im Verlauf dieser Zeit sind schließlich jene dreizehn Kolonien gegründet worden, die sich um die Mitte des 18. Jahrhunderts durch wirtschaftliche Blüte, weitgehende religiöse Toleranz und eine dank praktisch unbehinderter Einwanderung stetig wachsende Bevölkerungszahl auszeichneten. Daß sich die Kolonien in dieser Weise entwickeln konnten, war nicht zuletzt ein Verdienst der englischen Politik gewesen, die diese Kolonien zu einem wichtigen Teil des britischen *Empire* gemacht hatte. Diese Politik wurde von London aus gemäß den Interessen des Mutterlandes formuliert. Wenn diese Kolonien England Nutzen bringen sollten, bedurfte es der Kontrolle und Steuerung ihrer politischen und ökonomischen Entwicklung.

Ein wesentlicher Faktor in dieser Politik war jene Wirtschaftskonzeption, die man mit dem Ausdruck des britischen »Merkantilismus« umschreibt und der die Vorstellung von einer beherrschenden Stellung Englands im Überseehandel zugrunde lag, wobei durch flankierende Maßnahmen gesichert werden sollte, daß die heimische Produktion auf dem Binnenmarkt vor ausländischer Konkurrenz geschützt blieb, daß mehr aus- als eingeführt wurde, um eine positive Handelsbilanz sicherzustellen, die das

Land wiederum in den Besitz von wertvollen Edelmetallen zur Sicherung seines Reichtums und seiner herausragenden Stellung im Welthandel brachte. Dieser »Merkantilismus« war der theoretische Hintergrund einer ganzen Fülle gesetzlicher Maßnahmen und Verordnungen der englischen Regierung seit 1650, die sich unter dem Oberbegriff der Handels- und Schiffahrtsgesetze *(Acts of Trade and Navigation)* zusammenfassen lassen.

Die Schiffahrtsgesetze waren zunächst entstanden, um die holländische Vormachtstellung im Überseehandel zu brechen. Eine Reihe von *Navigation Acts* der Jahre 1660 bis 1696 bestimmte daher, daß Waren nach England ausschließlich auf englischen Schiffen oder jenen des Erzeugerlandes gebracht werden durften. Von wenigen Ausnahmen abgesehen, wurde das Recht, mit den Kolonien Handel treiben zu dürfen, auf England beschränkt. Lediglich einige wenige Güter durften die Kolonisten direkt nach Südeuropa (»südlich von Kap Finisterre«) liefern oder von dort beziehen. Die wichtigsten Agrarprodukte zumal der südlichen Kolonien galten als sog. »aufgezählte Güter« *(Enumerated Goods)*, die ausschließlich nach England verschifft werden durften. Ferner wurden Zölle und Abgaben, auch für den innerkolonialen Handel, festgelegt.

Mit diesen und weiteren Maßnahmen, darunter auch Subventionen etwa für die Indigoerzeugung, war sichergestellt, daß der koloniale Handel im wesentlichen in jenen Bahnen verlief, die den englischen Interessen am vorteilhaftesten erschienen. Aus der Sicht amerikanischer Handelsinteressen mochte sich dabei in einigen Fällen eine Interessenkollision ergeben, so daß man als einengend empfundene englische Verordnungen zu umgehen trachtete. Darunter fiel etwa das Molassegesetz von 1733, das die Einfuhr von westindischem Rum oder Molasse mit einem derart hohen Zoll belegte, daß die Folge ein ausgedehnter Schmuggel und die Bestechung der Zollbeamten war, so daß das Gesetz praktisch wirkungslos blieb.

Die Jahrzehnte vor 1763 brachten weitere Einschränkungen. So versuchte England den gewinnreichen New Yorker Handel mit Fellen, Häuten und Kupfer nach Holland und anderen europäischen Ländern zu unterbinden, indem diese Waren in die Liste der Enumerated Goods aufgenommen wurden. Dem Druck der Londoner Hutmacher folgend, wurde die Herstellung von Hüten und der Handel mit ihnen in den Kolonien drastisch eingeschränkt. Mit zwei weiteren Gesetzen in den fünfziger Jahren wurde den Kolonisten schließlich die Verarbeitung von Roheisen untersagt, um den weiteren Export zu den mittelenglischen Eisenhütten sicherzustellen.

Die Mehrzahl dieser Maßnahmen hatte gewiß keinen unmittelbar ruinösen Effekt auf die amerikanische Wirtschaft. Wenn sie auf Ablehnung stießen und Proteste hervorriefen, dann deshalb, weil ihnen eine Hierarchisierung der ökonomischen Interessen zugrunde lag in der Weise, daß wirtschaftliche Interessen des Mutterlandes als höherrangig dekretiert wurden als jene der Kolonien. Der Schutz der eigenen Wirtschaft, die Sicherung ihrer Belieferung mit wichtigen Rohstoffen, die Teilhabe am gewinnreichen Kolonialhandel sollten nicht nur gegenüber Drittländern, sondern auch gegenüber den eigenen Kolonien durchgesetzt werden, deren Bewohner damit ökonomisch auf den Rang von Bürgern zweiter Klasse abgedrängt wurden. Auch wenn die unmittelbaren wirtschaftlichen Folgen dieser Politik für die große Mehrheit der Kolonisten noch um die Mitte des 18. Jahrhunderts kaum nennenswerte Auswirkungen zeigten, beinhaltete sie eine Tendenz, mit der eine immer stärker expandierende amerikanische Wirtschaft früher oder später zwangsläufig in einen ernsthaften Konflikt geraten mußte.

In einem bedeutsamen Bereich war dieser Konflikt für breitere Kreise der amerikanischen Kolonisten nicht nur aus den Reihen der Oberschicht um die Mitte des Jahrhunderts bereits deutlich spürbar, nämlich auf dem Gebiet der Geldpolitik. Da die Ausfuhr von Münzen aus England verboten war, kursierten in den Kolonien alle möglichen Formen von Zahlungsmitteln, darunter lokale Münzen, Schuldverschreibungen, bei denen etwa in Virginia Tabak, in Südkarolina Reis als Wertmaßstab galt, ausländische, meist überbewertete Währungen u. a., bis schließlich Ende des 17. Jahrhunderts in Massachusetts begonnen wurde, Papiergeld zu drucken, das sich nach einigen Jahrzehnten des Übergangs zu Beginn des 18. Jahrhunderts als generelles Zahlungsmittel durchgesetzt hatte. Der unmittelbare Effekt war jedoch eine Preisinflation. Versuche zur Absicherung der Papiergeldwährung durch eigens dafür eingerichtete Banken scheiterten und schließlich wurde jede weitere Emission von Papiergeld durch London verboten.

Damit waren jene drei wesentlichen Faktoren wirksam, welche die amerikanische Wirtschaft ungeachtet ihrer ständigen Expansion am Ende des Siebenjährigen Krieges spürbar einengten: erstens die Produktions- und Handelsbeschränkungen durch das Mutterland, zweitens der konstante Arbeitskräftemangel insbesondere in den außeragrarischen Wirtschaftsbereichen, drittens die einschneidende Geldknappheit und damit die erschwerten Kreditmöglichkeiten, das Fehlen von Investitionskapital aufgrund der englischen Währungspolitik, das zur Förderung und Belebung der Wirtschaft und insbesondere von Industrie, Handel und Gewerbe dringend erforderlich gewesen wäre. Hinzu kam das sich verstärkende Bewußtsein, durch die Londoner Politik in den ökonomischen Rechten eines freien Engländers begrenzt und *de facto* Bürger zweiter Klasse zu sein.

Es waren nicht nur diese ökonomischen, von London vorgegebenen Maßnahmen, welche die äußere Situation der Kolonien zu Beginn der sechziger Jahre des 18. Jahrhunderts prägten. Sie wurden ergänzt durch eine Reihe politischer Faktoren, die für die Stellung der Kolonien am Vorabend der Amerikanischen Revolution konstitutiv waren. Die amerikanischen Kolonien waren ein Teil des britischen Empire und als solcher von den Konflikten dieses Reiches häufig unmittelbar betroffen. Die Auseinandersetzung zwischen England und Holland hatte um die Mitte des 17. Jahrhunderts zu den ersten Navigation Acts und in den sechziger Jahren zur Eroberung der holländischen Kolonie Neu-Amsterdam, dem späteren New York, geführt. Als mit der *Glorious Revolution* die englisch-holländische Rivalität in den das gesamte 18. Jahrhundert überdauernden englisch-französischen Gegensatz überging, griffen dessen kriegerische Auseinandersetzungen jeweils wiederum auf Nordamerika über, wenn sie nicht von dort aus sogar ihren Ausgang nahmen.

Zwischen 1689 und 1763 herrschte über 30 Jahre Krieg zwischen England und Frankreich auf dem nordamerikanischen Kontinent. Nimmt man noch die Auseinandersetzungen mit Spanien und den Indianern hinzu, gehörten Krieg und bewaffnete Konflikte für erhebliche Teile der englischen Kolonien in Nordamerika im 18. Jahrhundert zum Alltag. Nicht alle Kolonien und Bewohner waren davon jeweils gleichmäßig betroffen. Da ein Krieg mit einer europäischen Macht aber nahezu immer eine maritime Komponente hatte, wurde der Überseehandel häufig in Mitleidenschaft gezogen, mitunter wurden auch die Fischer und die Küstenregionen der Kolonien mit ihren Bewohnern betroffen.

Eine besondere Problematik warfen die Kriege mit Frankreich für die nördlichen Kolonien auf. Frankreich saß als Kolonialmacht am St.-Lawrence-Strom, von dem aus es sich über die Großen Seen zum Mississippi auszudehnen versuchte. Wenn es Frankreich gelang, sich in diesem Gebiet endgültig festzusetzen, bedeutete dies das Ende der weiteren Ausdehnung der englischen Kolonien nach Westen, und die Herrschaft über den nordamerikanischen Kontinent wäre letztlich wohl zwischen Frankreich und Spanien entschieden worden. Nicht allein diese Zukunftsperspektive beunruhigte England und viele Bewohner in seinen Kolonien, sondern auch die Tatsache, daß Frankreich es mit Hilfe der mit ihm verbündeten Indianerstämme immer wieder verstand, in der Grenzregion der nördlichen englischen Kolonien von Massachusetts bis Pennsylvania für Unruhe zu sorgen, so daß eine latente Bedrohung für die vorgeschobenen westlichen bzw. nördlichen Teile dieser Kolonien bestand.

Diese Situation hatte weitreichende Folgen zumal für die nördlichen Kolonien. Die häufigen Kriege belasteten die koloniale Wirtschaft und behinderten eine im Rahmen der gesamtkolonialen Expansion liegende Entwicklung der jeweiligen Kolonie. Immer wieder war nicht nur Geld für den Krieg aufzubringen, sondern es galt auch, Soldaten zu versorgen: britische oder aus den Kolonien stammende Kontingente. Außer dem materiellen Tribut forderten diese Kriege aber auch einen physischen. Der Verlust an Menschenleben wirkte sich z. B. anhaltend nachteilig auf die demographische Entwicklung von Massachusetts aus.

Die kriegerischen Unruhen beeinträchtigten ebenfalls die Besiedlung der westlichen und nördlichen Gebiete der Kolonien. Die politischen und ökonomischen Zentren der Kolonien blieben jeweils im vergleichsweise sichereren Osten, an der Küste. Gegenüber dem Osten fühlten sich die nach Westen weitergezogenen Siedler häufig benachteiligt und vernachlässigt. Nach ihrer Überzeugung sorgte der Osten nicht nur nicht hinreichend für ihren persönlichen Schutz an der unruhigen Grenze, sondern er gewährte ihnen auch keine angemessene Repräsentation in den Assemblies, da neue Wahlbezirke jeweils erst mit erheblicher Verzögerung, wenn überhaupt eingerichtet wurden. Diese Situation trug erheblich zu einer Politisierung weiter Bevölkerungsteile und zu politisch-sozialen Spannungen bei, die sich in den Jahrzehnten nach 1760 eruptiv in gewaltsamen Konflikten zwischen den kleinbäuerlichen Siedlern im Westen und der soziopolitischen Elite im Osten entladen sollte.

Mit dem Ausgang des letzten der englisch-französischen Kriege, des Siebenjährigen Kriegs von 1756 bis 1763, der in Amerika als der *French and Indian War* bezeichnet wird und dort bereits 1754 ausgebrochen war, schien sich diese Lage wesentlich zu verändern. Frankreich hatte in diesem Krieg alle seine Besitzungen auf dem nordamerikanischen Kontinent verloren, und der gesamte östlich des Mississippi gelegene Teil des Kontinents war damit in britischen Besitz übergegangen. Die Gefahr einer Umklammerung der dreizehn Küstenkolonien war gebannt; der Krieg als wesentliches Element konnte aus dem Alltagsleben der Kolonien verschwinden; die Lage in den westlichen Grenzräumen der Kolonien konnte sich normalisieren, zumal dem Friedensschluß im Oktober die sog. Königliche Proklamation von 1763 folgte, mit der zur Beruhigung der in diesem Raum lebenden Indianer der Hauptkamm der Alleghenies als westliche Siedlungsgrenze der bestehenden Kolonien festgelegt wurde.[12]

In Nordamerika war eine neue Situation entstanden. Die Stellung der alten dreizehn britischen Kolonien innerhalb des britischen Empire war gefestigt. Die Kolonien selber hatten dazu einen erheblichen Beitrag geleistet, für den ihnen das Londoner Unterhaus eine pauschale Entschädigung zubilligte. Das Empire hatte sich jedoch durch die Gebietsgewinne in Nordamerika, im Gebiet der westindischen Inseln, in Afrika und in Indien derart entscheidend verändert, daß es einer grundlegenden Neuordnung bedurfte, zumal der Siebenjährige Krieg die britische Staatsverschuldung auf eine neue schwindelnde Höhe emporgetrieben hatte. Dabei ging es nicht zuletzt aus der Sicht des Mutterlandes um die eigentliche *Raison d'être* von Kolonien.

Der Friedensschluß von 1763 hatte den Kolonien keineswegs nur die oben genannten äußeren Vorteile gebracht, was in England häufig übersehen wurde. Die Strukturprobleme der inneren, politischen Entwicklung mit ihrer fortschreitenden Machtverschiebung zugunsten der kolonialen Selbstverwaltung, die Veränderungen im gesellschaftlichen Bereich, die zu einer verstärkten Politisierung zumal der Mittel- und unteren Mittelschichten beigetragen hatten, nicht zuletzt aber die Dichotomie der Wirtschaftsentwicklung zwischen Expansion einerseits, Handels- und Produktionsbeschränkungen und hemmender Geldknappheit andrerseits samt ihren sozialpsychischen Rückwirkungen konnten nun nach Fortfall der äußeren, militärischen Bedrohung leichter aufbrechen, als das in der Vergangenheit der Fall gewesen war. Indirekt gefördert sollte dies dadurch werden, daß die politisch Verantwortlichen in England Verständnis für die Bedeutung dieser Problematik weithin vermissen ließen.

Faßt man diese Vorbedingungen der Amerikanischen Revolution zusammen, deren Kenntnis erst erklären hilft, warum dieses System in den folgenden Jahren in eine so gravierende Krise geraten konnte, zeigt sich hier bereits – etwa mit dem Blick auf die Französische Revolution – die Singularität der Amerikanischen Revolution. Zwar geht es in beiden um Machtverteilungsfragen, doch fehlt in Amerika weitgehend der aufgestaute Sozialprotest einer ökonomisch-sozial aufstrebenden, aber von jeder politischen Mitverantwortung praktisch ausgeschlossenen Bevölkerungsschicht. Nicht das Fehlen politischer Mitwirkungsmöglichkeiten steht am Beginn der Amerikanischen Revolution, sondern der Eindruck, daß sie nicht weit genug reichten. Nicht ökonomisch-soziale Deprivation erscheint als tatsächliches oder hypothetisches ursächliches Moment, sondern das, was man in der Diskussion über die Französische Revolution, ohne daß es dort bereits als entschieden gelten könnte, die »révolution de la prospérité« genannt hat. Die Amerikanische Revolution setzt daher offensichtlich auf einer viel höher gelegenen Ebene der Entwicklung zum modernen liberalen bürgerlichen Staat ein, als das kurz darauf in Frankreich der Fall war. Kann das auch nicht bedeuten, daß angesichts der fortgeschritteneren Ausgangssituation die Amerikanische Revolution keine »Revolution« gewesen ist, erscheinen doch diese Vorbedingungen als wesentliche Voraussetzung für das Verständnis von Verlauf, Ziel und Ergebnis dieser Revolution.

III. Die Krise der Kolonialherrschaft
(1763-1775)

Angesichts der Entwicklung der vorangegangenen Jahrzehnte wurde der Ausgang des Siebenjährigen Krieges in den dreizehn englischen Kolonien in Nordamerika zweifellos begrüßt. Nur wenige haben jedoch damit die Hoffnung verknüpft, daß nunmehr ein goldenes Zeitalter beginnen werde. Daß aber die Krise so rasch hereinbrechen und sich im Verlauf von nur wenigen Jahren derart verschärfen würde, daß nach zwölf Jahren ein neuerlicher Krieg, diesmal gegen das bisherige Mutterland, ausbrechen würde, war weder geplant noch 1763 vorauszusehen.

Ursache der Krise war nicht ein verdecktes amerikanisches Streben nach Unabhängigkeit, sondern ebenso wie bei anderen Revolutionen der Frühen Neuzeit, etwa den beiden englischen Revolutionen des 17. Jahrhunderts, standen konkrete oder mutmaßliche Absichten des Staates im Vordergrund, bestehende Zustände, die von einer kritischen Öffentlichkeit als verbriefte Rechte verstanden wurden, in innovatorischer Absicht zu verändern. Diese mutmaßlichen Eingriffe in bestehende Freiheitsrechte riefen in den zwanziger und dreißiger Jahren des 17. Jahrhunderts im englischen Mutterland Widerstand gegen die Politik des Königs ebenso hervor wie nach 1763 in den amerikanischen Kolonien gegen den König und das Parlament in England. Dies um so mehr, als sich in Teilen der sozioökonomischen Elite der Kolonien seit längerem der Verdacht verdichtete, daß man ökonomisch seitens des Mutterlandes bestenfalls als Bürger zweiter Klasse eingestuft wurde.

Dem Widerstand gegen die englische Politik, und dies macht zu einem erheblichen Teil das Wesen der Krise aus, lag daher zunächst kein eigenständiger innovatorischer Impuls zugrunde. Daß jedoch ein Rekurs auf überkommene Rechte keine statische Fixierung bestehender Zustände meinen konnte, sondern der Rückgriff auf die staatlichen Grundprinzipien (die *first principles*) bereits das Verlangen nach Veränderung jener Zustände notwendigerweise implizierte, wurde rasch deutlich. Die daraus resultierende Polarisierung der politischen Positionen trug wesentlich zur Dynamisierung der Krise bei, deren wachsendes Eigengewicht den Handelnden auf beiden Seiten schließlich zu entgleiten drohte. Um diese Entwicklung im einzelnen verdeutlichen zu können, ist nach den Gründen und dem Inhalt dieser Krise zu fragen, um anschließend auf das Problem eingehen zu können, wie die amerikanische Reaktion zu gewichten ist und welche Motive ihr auf den verschiedenen Ebenen zugrunde lagen.

1. ~~Der Handlungsablauf~~

Nach den entscheidenden militärischen Erfolgen in Kanada und der Karibik ging die britische Regierung zu einer Politik über, deren Ziel es war, die dreizehn amerikanischen Kolonien fester in die neu zu definierende imperiale Politik gemäß den Vorgaben Londons einzubinden. Dazu bot sich zunächst angesichts der Anwesenheit der britischen Flotte in den amerikanischen Gewässern und zur Steigerung der eigenen politischen Autorität sowie der staatlichen Einkünfte zumindest in einigen Kolonien ein verschärftes Vorgehen gegen den verbreiteten Schmuggel an, der die neuengländischen Brennereien mit westindischer Molasse unter Umgehung der Zollbestimmungen des *Molasse Act* von 1733 versorgte.

Zwei weitere britische Maßnahmen sollten diese Politik ergänzen, um ihren Erfolg zu garantieren. Da die kolonialen Geschworenengerichte in der gerichtlichen Verfolgung überführter Schmuggler notorisch unzuverlässig waren, sollten für derartige Delikte allein zuständige Seegerichte (*Vice-Admiralty Courts*) eingerichtet werden, die ohne Mitwirkung von Geschworenen ein im Sinne der Anklage verschärftes Beweisverfahren praktizieren sollten und deren höchste amerikanische Instanz bewußt außerhalb der dreizehn Kolonien im fernen Halifax in Nova Scotia angesiedelt war.

Zusätzlich beschloß das Londoner Parlament ein amerikanisches Zollgesetz (*American Revenue Act*, meist einfach als *Sugar Act* bezeichnet), mit dem ausdrücklichen Ziel, die Einnahmen aus den Kolonien zu steigern. Mit Hilfe dieses Gesetzes wurde der Zoll auf Molasse gegenüber dem Gesetz von 1733 auf die Hälfte reduziert, während zugleich der Zoll für eine Reihe anderer ausländischer Importwaren z. T. drastisch erhöht und die Liste der

Enumerated Goods um eine Reihe kolonialer Erzeugnisse erweitert wurde.

Diese Maßnahmen von 1764, die noch durch ein Währungsgesetz mit deflationärer Tendenz ergänzt wurden, fielen nicht allein mit der auch in den Kolonien spürbaren Nachkriegsrezession zusammen; man erblickte in ihnen zugleich, insbesondere in den nördlichen Kolonien, einen eindeutigen Hinweis auf einen grundlegenden Wandel der englischen Kolonialpolitik. Gerade weil die englische Wirtschaftspolitik der voraufgegangenen Jahrzehnte Mißtrauen und Befürchtungen geweckt hatte, sah man nun die nur z. T. treffend charakterisierte Politik der »wohlwollenden Vernachlässigung« durch eine aktive Politik der Rechtsminderung abgelöst. Was als primär ökonomisch-fiskalische Maßnahmen konzipiert war, wurde in den Kolonien in einer Woge des Protests als unverhohlener Angriff auf die freiheitliche Rechtsordnung und als rechtswidriger Versuch gebrandmarkt, freie Engländer ohne ihre Zustimmung mit Steuern zu belegen. Der noch lange nachhallende Ruf »Keine Besteuerung ohne politische Mitwirkung« *(No Taxation Without Representation)* erscholl erstmals, und die in der Assembly versammelte soziopolitische Elite New Yorks begründete, warum dem Sugar Act aus prinzipiellen Erwägungen der Gehorsam verweigert werden müsse: ›Das Recht auf Verweigerung nicht bewilligter, erzwungener Steuern muß das große Prinzip eines jeden freien Staates sein. Ohne ein solches Recht gibt es keine Freiheit, kein Glück und keine Sicherheit. Es läßt sich nicht trennen vom Begriff des Eigentums. Denn wer kann das sein Eigentum nennen, was ihm nach Gutdünken von einem anderen fortgenommen werden kann. Dies ist ... offensichtlich ein natürliches Recht der Menschheit.«

Läßt man den noch eher beiläufigen Hinweis auf »das natürliche Recht der Menschheit« außer acht, fällt der unmittelbar praxisbezogene Inhalt dieser Rhetorik auf, die ihre Begründung in konkreten politischen Zusammenhängen fand, nicht aber in theoretischen Betrachtungen mit unterstellter Allgemeinverbindlichkeit. Nicht als Ausdruck eines platten Pragmatismus, sondern gerade weil die soziopolitische Elite der Kolonien längst über praktische politische Erfahrung verfügte, konnte sie auf diese zurückgreifen und weitgehend auf theoretische Raisonnements verzichten, deren Eigendynamik nicht zuletzt auch aus dem Bewußtsein des faktischen Scheiterns der Puritanischen Revolution dieser Elite nur zu bekannt war. Auch wenn 1764 noch niemand in ihren Reihen an Revolution und Unabhängigkeit dachte, galt bereits jetzt als Maßregel, was einige Jahre später einer von ihnen formuliert hat: »Die Erfahrung muß unsere einzige Richtschnur sein; die Vernunft mag uns irreleiten.« Diese Skepsis gegenüber der vermeintlichen Allmacht der Vernunft konnte den nachmaligen amerikanischen Revolutionären in einer von der Bedeutung der Empirie geprägten politisch-sozialen Umwelt erheblich naheliegender erscheinen als den französischen Revolutionären, für welche die erfahrene Welt mit der zu verändernden Welt identisch war und die daher von der Gleichsetzung von Vernunft und Natur überzeugt blieben.

Das folgende Jahr 1765 brachte eine nachhaltige Verschärfung der Krise, die sich zugleich über alle Kolonien und über die sozioökonomische Elite hinaus ausdehnte. Das galt noch nicht so sehr für das Einquartierungsgesetz zugunsten der britischen Truppen in Nordamerika, wenngleich es Erinnerungen an die frühe Stuart-Zeit in England und an die grundsätzliche Diskussion über den freiheitsgefährdenden Charakter stehender Heere in Friedenszeiten hervorrief.

Zum ersten großen Konflikt mit der Kolonialmacht kam es aber 1765, als das britische Parlament am 22. März die Einführung einer Stempelsteuer in den Kolonien beschlossen hatte, mit der alle Druckerzeugnisse, Dokumente und Urkunden belegt werden sollten. Die einige Wochen später in den Kolonien eintreffende Nachricht von diesem Gesetz löste nahezu umgehend die sog. Stempelgesetzkrise *(Stamp Act Crisis)* aus, die in den folgenden Monaten, sehr zur Überraschung von Regierung und Parlament in London, bis dahin ungekannte Ausmaße annahm.

Mehrere Gründe erklären diese koloniale Reaktion. Es handelte sich, anders als beim Sugar Act, nicht um den eher lächerlich geringen Betrag, der im Einzelfall als Steuer zu entrichten war; die Herabsetzung des Molassezolls von 6 auf 3 Pence je Gallone bedeutete in der Realität eine Verdreifachung der Abgabe, da diese nun auch tatsächlich eingetrieben werden sollte, während es zuvor übliche Praxis war, einen Penny je Gallone an den Zoll als Bestechungspauschale zu entrichten. Wenn es im Fall des Sugar Act noch umstritten sein mochte, ob es sich dabei tatsächlich um eine Steuer handelte, wurden diese Zweifel mit dem Stamp Act jedoch gegenstandslos; das war der Versuch einer direkten Besteuerung, die de facto alle Kolonisten betraf. Der Ruf *No Taxation Without Representation* ertönte um so lauter. Die damit erneut vehement auflebende generelle Diskussion über die Rechtsstellung der Kolonien innerhalb des *Empire* wurde durch zwei Begleitumstände des Gesetzes gesteigert, die allgemein verurteilt wurden: Die präsumptiven Steuereinnahmen sollten zum Unterhalt der britischen Truppen in Nordamerika beitragen, und die strafrechtliche Verfolgung bei Gesetzesverstößen wurde zusätzlich der Kompetenz der Vice-Admiralty Courts übertragen.

Aus Londoner Sicht mochten diese Maßnahmen vernünftig erscheinen. In nahezu allen Kolonien vermochte jedoch die sozioökonomische Elite, die finanziell am meisten betroffen war, mit allgemeinen Parolen über die Verfassungswidrigkeit und den freiheitsbedrohenden Charakter dieses Gesetzes vor allem die städtischen Mittel- und unteren Mittelschichten für die massive Ablehnung des *Stamp Act* zu mobilisieren. Dank dieser Politik erreichte sie, daß sich der Protest auf zwei Ebenen lautstark artikulierte. Zum einen verurteilten die Unterhäuser der kolonialen Assemblies in vehementen Debatten, in denen, wie z. B. im *House of Burgesses* von Virginia durch den wortgewaltigen Rechtsanwalt Patrick Henry, von »Tyrannen« und implizit vom Tyrannenmord die Rede war, in z. T. scharfen Resolutionen das Gesetz und forderten seine Rücknahme. Zum anderen wandte sich die Elite insbesondere mittels einer aufblühenden Pamphletliteratur an die Öffentlichkeit und erreichte schließlich, daß es im August 1765 in einigen Städten zu einer Reihe gewaltsamer Demonstrationen gegen die britische Regierung und ihre Mandatsträger in den Kolonien kam, deren Häuser z. T. verwüstet wurden.

Vor allem in den Bostoner Stempelgesetzunruhen *(Stamp Act Riots)* wurden jedoch schnell die Grenzen der Steuerungsmöglichkeiten sichtbar, über welche die Elite hinsichtlich der Aktionen der politisierten städtischen Mittel- und unteren Mittelschichten verfügte. Mehr als einmal kam in ihren Reihen die Befürchtung auf, die Straßenaktionen könnten außer Kontrolle geraten und zu einem sozialrevolutionären Umsturz führen. Oberstes Ziel mußte daher sein, die Aktionen so weiterzuführen, daß die Kontrolle durch die – wie sie sich bald bezeichnen ließ – revolutionäre Elite sichergestellt blieb.[2]

Die Demonstrationen hatten erreicht, daß schließlich alle von der britischen Regierung mit der Eintreibung der Stempelsteuer

Beauftragten ihre Kommissionen niederlegten, bevor das Gesetz zum 1. November 1765 in Kraft trat. Schon zuvor waren, ausgehend von dem Unterhaus von Massachusetts, Vorbereitungen für einen interkolonialen Kongreß getroffen worden, der im Oktober 1765 in New York mit Vertretern der Assemblies von neun der dreizehn Kolonien tagte. In den Erklärungen und Resolutionen dieses *Stamp Act Congress* wurde auf den ruinösen Charakter des Gesetzes und den Widerspruch zur englischen Verfassung hingewiesen, da es Steuern ohne Zustimmung der Betroffenen oder ihrer gesetzlichen Vertreter auferlege. Angesichts dieser Verletzung der Rechte freier Engländer wurde um die Rücknahme des Gesetzes ersucht.

Die Stamp Act Crisis ist von zentraler Bedeutung für das Verständnis der nachfolgenden Revolution. Sie demonstriert die Entschlossenheit der sozioökonomischen Elite, für ihre Rechte und Freiheiten sowie ihre wirtschaftlichen Interessen einzutreten, wobei sie sich zugleich durch den Gang der Ereignisse bereits radikalisierte, wie etwa Patrick Henry in Virginia verdeutlichte oder Benjamin Franklin, der als Interessenvertreter von Pennsylvania seit Jahren im fernen London weilte und erst aufgrund der massiven Proteste in Amerika die Linie der Stamp Act-Gegner einschwenkte. Wenn sich die Elite außerhalb von Vertretungskörperschaften engagierte, dann entweder mittels des politischen Pamphlets oder, wie im Anschluß an den Stamp Act Congress, durch ein freiwilliges Übereinkommen führender Kaufleute aus New York, Philadelphia und Boston, bis zur Rücknahme des Stempelgesetzes jeden Import europäischer Produkte einzustellen *(Nonimportation)*, eine Maßnahme, die ihre ökonomische Wirkung in England nicht verfehlte und zur Petition der Londoner Kaufmannschaft vom Januar 1766 um Rücknahme des Stempelgesetzes führte.

Trotz aller Entschlossenheit war die Position der Elite jedoch eher moderat. Sie blieb strikt im Rahmen der englischen Verfassung und beharrte auf »ihren unzweifelhaften Rechten und Freiheiten, die ihnen ohne ihre eigene Zustimmung durch ihre Repräsentanten in ihren verschiedenen kolonialen Legislativen rechtlich nicht von irgendeiner Macht genommen, verändert oder beschnitten werden können«.[3] Wenn diese Elite auch auf eine Berücksichtigung und Stärkung ihrer Position zielte, strebte sie doch keine darüber hinausgehende Veränderung in Politik und Gesellschaft und auch keine Unabhängigkeit vom britischen Mutterland an.

Die Bedeutung der Stamp Act Crisis liegt jedoch darüber hinaus darin, daß in ihr weitere Formen vorrevolutionärer Aktion entwickelt und Teile der Bevölkerung jenseits der sozioökonomischen Elite aktiviert wurden. Das geschah zunächst, etwa mit der Gründung der vorrevolutionären Vereinigungen der Freiheitssöhne *(Sons of Liberty)*, noch in Abstimmung mit der Elite. Diese zumeist in den städtischen Mittel- und unteren Mittelschichten verankerten Gruppierungen entwickelten jedoch zunehmend eine Eigendynamik, die sich sowohl in ihren Aktionen als auch in ihren politischen Aussagen niederschlug. Sie erwiesen sich dabei als sehr viel vorwärtsdrängender als die Elite und traten schon 1765 mit deutlich revolutionärem Anspruch für Naturrecht und Volkssouveränität ein. Während die Elite für die Wahrung verbriefter Rechte plädierte, postulierten sie, daß »das Volk ein Recht hat, die Ausübung jener Autorität wieder aufzunehmen, die es von Natur hatte, bevor es sie an Individuen delegierte«.[4]

Die Krise um das Stempelgesetz hatte zu einer anhaltenden Polarisierung geführt: auf der einen Seite Parlament und Regierung in London, deren Amerikapolitik auch in der britischen Öffentlichkeit nicht unumstritten war; auf der anderen Seite die gemäßigte sozioökonomische Elite in den Kolonien und die z. T. prononcierteren, aber noch keineswegs tonangebenden städtischen Mittel- und unteren Mittelschichten, die das Machtmonopol von Reichtum und Ansehen nicht als unabänderlich betrachteten und dagegen ihre Vorstellung von der vom Volk delegierten Macht setzten.

Daß damit grundlegende Fragen aufgeworfen waren, die in den kommenden Jahren weiterwirkten, erwies sich bereits 1766 in doppelter Weise. Einerseits gab die britische Regierung unter dem vereinten Druck nach und widerrief das Stempelgesetz zum 1. Mai 1766 nicht ohne warnende Stimmen, daß »die Aufhebung des Gesetzes eine derartige Ermutigung für den Plan der Einschüchterung ist, den die Amerikaner verfolgen, die sie für zukünftige Forderungen noch viel unmäßiger machen mag. Ihre Unverschämtheit wird durch Nachgiebigkeit wachsen, und wo sie enden wird, ist nicht bekannt.«[5] Um diesem Effekt vorzubeugen, erließ das Londoner Parlament zusammen mit der Aufhebung das sog. Deklarationsgesetz *(Declaratory Act)*, mit dem das Recht des

Parlaments betont wurde, auch in Zukunft jedes beliebige, die Kolonien bindende Gesetz erlassen zu können.

Wenn dieser *Declaratory Act* zunächst auch keine weiteren unmittelbaren Folgen hatte und in den Kolonien ohnehin im Jubel über die Aufhebung des Stempelgesetzes unterging, hat er, da er die herrschende politische Theorie in England von der letztlich unbegrenzten Souveränität des Parlaments zum Ausdruck brachte, wie sie erst ein Jahr zuvor William Blackstone mit der ihm eigenen Autorität erneut verkündet hatte[6], weitreichende Konsequenzen für die politischen Konzeptionen der amerikanischen Elite gehabt, die sich dadurch in ihrer Reserviertheit gegenüber der Souveränitätsfrage, einschließlich des aufkommenden Gedankens der Volkssouveränität, nachdrücklich bestärkt sah. Wie sich in den folgenden Jahren immer stärker herauskristallisieren sollte, gebührte nach ihrer Überzeugung nicht dem Gedanken der Volkssouveränität Priorität, sondern dem der Begrenzung der Allmacht einer Legislative.

Sieht man von dem noch eher isolierten Aufstand der sog. *Paxton Boys* im westlichen Pennsylvania Ende 1763 ab, einem blutigen Zwischenfall, mit dem die Grenzbevölkerung für ihre Interessen und einen wirksameren Schutz gegen Indianerüberfälle demonstrierte[7], lag ein zweiter Aspekt, der 1766 Weiterungen zeigte, darin, daß 1765 erstmals die sozioökonomische Elite nicht mehr der einzige Handlungsträger in der vorrevolutionären Krise gewesen war. Mit den Straßenaktionen und den Sons of Liberty hatten sich die städtischen Mittel- und unteren Mittelschichten als weitere, in Ansätzen bereits eigenständige Trägerschicht in den Handlungsablauf eingeschaltet, ohne daß es bislang zu nennenswerten Konflikten zwischen beiden Gruppierungen gekommen wäre. Dennoch hatte die Elite erfahren müssen, daß die Ereignisse spürbare Rückwirkungen auf die politische Bewußtseinsbildung breiterer Bevölkerungsschichten hatten.

Das Jahr 1766 verdeutlichte, daß die durch das Geschehen des vergangenen Jahres geförderte Politisierung noch weitere Kreise gezogen hatte. An den Unruhen in der Stadt New York nahmen erstmals in nennenswerter Weise Angehörige der Unterschichten teil, wenn auch noch in Allianz mit den städtischen Mittel- und unteren Mittelschichten, während im Frühjahr desselben Jahres auf den Latifundien der Van Cortlandts und der Livingstons im Hudsontal die ersten ländlichen Unruhen unter Hunderten von sog. *Levellers* ausbrachen, die gegen die Pachtbedingungen und für die Befreiung von Steuern und Abgaben demonstrierten und dabei gegen die Vertreter der staatlichen Ordnung gewaltsam vorgingen.[8]

Damit hatte die Krise bereits zu diesem Zeitpunkt weitreichende Konsequenzen hervorgebracht. Fühlte sich die Elite durch den festeren Zugriff des Mutterlandes ökonomisch und politisch herausgefordert und in ihren Positionen gefährdet, entwickelten sich in den übrigen Gesellschaftsklassen Vorstellungen, wie die Krise zur Verbesserung der eigenen ökonomischen und politischen Situation genutzt werden könne.

In den folgenden Jahren sollten sich diese beiden Aspekte der Krise weiter verstärken und einschließlich der mit ihnen verbundenen Rückwirkungen auf das politische Bewußtsein breiter Bevölkerungskreise eine derartige Bedeutung bekommen, daß in späteren Jahren John Adams rückblickend der Überzeugung Ausdruck geben konnte, die Phase zwischen 1760 und 1775 verkörpere die eigentliche Revolution.

Für einen Angehörigen der Elite war diese Bewertung *post festum* durchaus bezeichnend. Bereits 1767 hatte sich diese Elite erneut in ihrer Position bedroht gefühlt. Im Sommer dieses Jahres setzte der britische Schatzkanzler Charles Townshend eine Reihe neuer Gesetze durch, die sog. *Townshend Acts*, mit denen den Kolonien als Beitrag zu den allgemeinen Verwaltungs- und Rechtspflegekosten neue Zölle auferlegt, weitere Vice-Admiralty Courts eingerichtet und eine oberste amerikanische Zollbehörde in Boston geschaffen wurden, die dem britischen Finanzministerium unmittelbar unterstellt war.

Erneut widersetzte sich die Elite und griff – wiederum gingen Bostoner Kaufleute voran – zur Waffe der gezielten Importverweigerung. Handelsregulierungen seitens des Mutterlandes seien zwar rechtens, doch wie immer deklarierte auferlegte Abgaben mit dem alleinigen Zweck der Finanzierung des Staatshaushalts seien verfassungswidrig und eine unmittelbare Gefährdung der politischen Ordnung. Vor dem Hintergrund der wirtschaftlichen Auswirkungen der Townshend Acts kam es insbesondere in New York zu Massendemonstrationen für eine Änderung der kolonialen Wirtschaftspolitik.

Auch in zahlreichen Assemblies wurden die Townshend Acts als verfassungswidrige Eingriffe in die Rechte freier Engländer scharf verurteilt mit der Konsequenz, daß die Legislative von Massachusetts, in der nur noch wenige, zunehmend unter den Druck der Straße geratende Fürsprecher der englischen Politik verblieben waren, 1768 vom Gouverneur gleich zweimal aufgelöst wurde.

In dieser politisch aufgeheizten Atmosphäre konnte selbst eine Bagatelle wie das durch die Bostoner Zollbehörden vollzogene Aufbringen des John Hancock gehörenden Schoners *Liberty* wegen Schmuggelei leicht weiteren Zündstoff liefern. Die sich von einer durch die Sons of Liberty gesteuerten, aufgebrachten Menge bedroht fühlenden Zöllner forderten den Schutz britischer Truppen an, die ungeachtet zahlreicher Proteste am 1. Oktober 1768 in Boston einrückten.

Der amerikanische Handelsboykott gegenüber Großbritannien, jener Sieg des Patriotismus, wie Franklin es pathetisch ausdrückte, über das merkantile Eigeninteresse, zog immer weitere Kreise. Nahezu alle Kolonien hatten sich ihm angeschlossen, und das Jahr 1769 brachte einen so deutlichen Rückgang des Handelsvolumens, daß sich die englische Regierung schließlich zum erneuten Einlenken veranlaßt sah: Unter der Führung des neuen britischen Regierungschefs, Lord Frederick North, wurden Anfang 1770 alle Townshend-Zölle mit Ausnahme des Teezolls zurückgenommen.

Neben diesen Auseinandersetzungen mit dem Mutterland, hinter denen die Angehörigen der Elite praktisch aller Kolonien standen, vermehrten sich auf lokaler Ebene oder im Rahmen einer einzelnen Kolonie die politischen Konflikte durch den auch die ländlichen Mittel- und unteren Mittelschichten immer stärker einbeziehenden Politisierungsprozeß, wobei von Fall zu Fall durchaus revolutionäre Töne anklangen. So hatte der lange schwelende Konflikt um Landrechte im Hinterland der beiden Karolinas gegen Ende der sechziger Jahre zum offenen Aufstand der sog. Regulatoren geführt (als *Regulators* bezeichnete man in England seit dem 17. Jahrhundert u. a. Personen, die in bestimmten Situationen staatliche Ordnung wiederherstellen wollten).

Bei diesen Regulatoren handelte es sich um ländliche Mittelschichten, die sich in ihren Rechten und Freiheiten durch habgierige und korrupte lokale Mandatsträger verletzt fühlten, hinter denen nach ihrer Überzeugung jedoch die sozioökonomische Elite der Küstenregionen und der Assemblies beider Kolonien stand.[9] Ihr Kampf nahm daher zunehmend antielitäre Züge an und mündete in die sozialradikale Feststellung: »Nichts ist verderblicher für ein Gemeinwesen, als wenn Einige unmäßige Mengen von Land besitzen und sie an die Armen verpachten.«[10]

Daß dies praktisch Rhetorik blieb, lag nicht zuletzt daran, daß die koloniale Elite gemeinsam mit dem Gouverneur dem Aufstand in der sog. Schlacht am Alamance im Mai 1771 gewaltsam ein militärisches Ende bereitete. Insgesamt sieben Führer der Regulators wurden hingerichtet, Tausende mußten einen Treueid schwören. Ihre Forderungen nach gerechterer Landverteilung und politischer Mitwirkung blieben dagegen ausnahmslos unerfüllt und stellten eine Hypothek dar, an der zumal Nordkarolina in den beiden folgenden Jahrzehnten schwer zu tragen hatte.

Der Versuch der ländlichen Mittel- und unteren Mittelschichten, in der Krise virulente soziopolitische Gedanken gegen die sozioökonomische Elite der eigenen Kolonie nutzbar zu machen, erwies sich als verfrüht und weit weniger erfolgreich als in den Fällen, in denen diese Elite mit Unterstützung der Mittelschichten gegen England Front machte. Diese politische Erfahrung von 1771 hat weitreichende Beachtung gefunden und sich auf den weiteren Gang der Ereignisse in den Kolonien nachhaltig ausgewirkt.

In New York hatte weder auf dem Land noch in der Stadt die Konfrontation ähnliche Ausmaße angenommen, obgleich die städtischen Sons of Liberty unter ihrem Führer Alexander Mc Dougall, einem aus bescheidenen Verhältnissen aufstrebenden, nun der Mittelschicht zuzurechnenden Kaufmann[11], empört darüber waren, daß die Elite Ende 1769 dem britischen Druck in der Einquartierungsfrage schließlich nachgegeben und Geld für den Unterhalt der englischen Garnison bewilligt hatte. In den nachfolgenden Querelen mit britischen Soldaten um die von den Sons of Liberty immer wieder errichteten Vorläufer späterer Freiheitsbäume blieben diese dann auch weitgehend auf sich gestellt.

In Boston dagegen waren nach außen nicht einmal diese Risse im Bündnis zwischen kolonialer Elite und städtischen Mittel- und unteren Mittelschichten erkennbar. Dabei gab es auch hier seit der Anwesenheit britischer Truppen in der Stadt immer wieder Reibereien zwischen ihnen und Bürgern. Diese zunehmend wachsenden Spannungen entluden sich am 5. März 1770, als nach Unruhen eine sich von der Menge bedroht fühlende Wache die Nerven verlor, in die Ansammlung feuerte und dabei fünf Menschen tötete. In der antibritischen Propaganda wurde die ganze Unmenschlichkeit der englischen Politik bloßgelegt, die angeblich nicht davor zurückschreckte, unschuldiges Bürgerblut zu vergießen. Als nur zu gerne überzeichnetes »Massaker von Boston« *(Boston Massacre)* galt dieses Ereignis retrospektiv als Meilenstein auf dem Weg zur amerikanischen Unabhängigkeit. Wichtiger für den Augenblick jedoch war, daß in dieser ernsten Krise britischer Kolonialgewalt die lokale Elite ihre Solidarität mit der Menge bekundete, ein Faktor, der schließlich zum Rückzug der britischen Truppen aus der Stadt nachhaltig beitrug.

Der bisherige Gang der einschneidenden imperialen Krise hatte offensichtlich die zum Widerstand entschlossene Elite gestärkt, die es mehrfach äußerst erfolgreich verstanden hatte, die englische Politik propagandistisch ins Unrecht zu rücken und zum Nachgeben zu veranlassen. Zugleich hatte diese Krise in wachsendem Maße deutlich gemacht, daß auch die übrigen Klassen der kolonialen Bevölkerung zunehmend politisiert wurden und teilweise bereits begannen, Gravamina entschlossen vorzubringen und politische Forderungen anzumelden, die z. T. an die Kolonialmacht, z. T. an die eigene Elite adressiert waren. Im ersten Fall hatte es die Elite bislang zumeist vermocht, sich dieses Unzufriedenheitspotential im Sinne der eigenen Politik nutzbar zu machen; im zweiten Fall war sie gegebenenfalls sogar bereit, wie das Beispiel von Nordkarolina deutlich gemacht hat, im Bündnis mit der Kolonialmacht diesen Konflikt gewaltsam gegen die übrigen Klassen auszutragen.

Zu Beginn der siebziger Jahre hatte sich mithin die Situation von 1765 entscheidend verändert. An die Stelle des praktisch ausschließlichen Konflikts zwischen Mutterland und Kolonien, tonangebend verkörpert durch die Eliten, war ein sehr viel breiteres Konfliktspektrum getreten, in dem meist soziopolitisch begründete, lokale und innerkoloniale Gegensätze aufbrachen, die auf das politische Vorgehen der Elite nach innen wie nach außen entscheidenden Einfluß ausübten. Angesichts dieser nachdrückenden Kräfte gewann ihre Politik gegenüber dem Mutterland mit der Zeit ein Maß an Eigendynamik, deren Gewicht aus Londoner Sicht, wie auch die folgenden Jahre noch zeigen sollten, offensichtlich kaum zu ermessen war.

Das Jahr 1772 sollte dann zum Gespött der ganzen Kolonien verdeutlichen, wie sehr die britische Autorität in Nordamerika bereits untergraben war. Als im Juni der Zollschoner *Gaspee* bei der Verfolgung eines Schmugglerschiffes unterhalb von Providence in Rhode Island auf Grund lief, wurde er nachts von dem Kaufmann John Brown und weiteren Einwohnern aus Providence überfallen und, nachdem sie die Besatzung an Land gesetzt hatten, in Brand gesteckt. Obwohl England sogleich eine hohe Belohnung für die Ergreifung der Täter aussetzte und eine Untersuchungskommission einsetzte, der u. a. der Gouverneur von Rhode Island angehörte, sah diese sich angesichts der drohenden Haltung der Bewohner der Kolonie außerstande, einen Schuldigen namhaft zu machen.

Daß diese in England, also außerhalb der ordentlichen Gerichtsbarkeit der Kolonien, hätten abgeurteilt werden sollen, wurde zumal von der Elite als ebenso bedrohlicher weiterer Eingriff in die Rechte und Freiheiten der Kolonien gewertet wie die Ankündigung, die obersten Vertreter von Exekutive und Judikative in Massachusetts würden zukünftig ihr Gehalt von der Krone und nicht länger durch Bewilligungen der Bostoner Legislative erhalten. Die Assembly lief Gefahr, hier einige aus ihrer Sicht in der Vergangenheit bewährte Daumenschrauben zu verlieren.

Im Bewußtsein breiter Bevölkerungsschichten hatte der koloniale Widerstand erreicht, daß sich die englische Politik unaufhaltsam auf einen Punkt zubewegte, an dem sie einen der fundamentalen Grundsätze der politischen Kultur des Landes verletzte, daß es nämlich grundsätzlich besser ist, auf Autorität dort stillschweigend und temporär zu verzichten, wo ihr Anspruch der Natur der Sache nach momentan nicht durchsetzbar ist, um die Bloßstellung der eigenen Handlungsunfähigkeit in jedem Fall zu vermeiden, wie dies der Gaspee-Zwischenfall demonstriert hatte. Den entschlossensten Kräften aus den Reihen der Bostoner Elite gelang es daher auch, dieses Machtvakuum auszunutzen, indem sie, wie schon in der Stempelgesetzkrise, ein ständiges Korrespondenzkomitee in Boston einsetzte – ein Beispiel, dem rasch weitere Städte in Massachusetts folgten und dem sich in den folgenden Monaten die meisten übrigen Kolonien ebenfalls anschlossen. Damit war ein über die Kolonien verteiltes System vorrevolutionärer Komitees geschaffen worden, das der Elite zur verbesserten gegenseitigen Information und Abstimmung von Aktionen wesentliche Dienste leisten konnte.

Ihre erste Bewährungsprobe sollte nicht lange auf sich warten lassen. In England war die *East India Company*, im Zeichen des Merkantilismus eine jener privaten, mit erheblichen staatlichen Privilegien ausgestatteten Monopolgesellschaften, in ernsthafte Zahlungsschwierigkeiten geraten. Da die Gesellschaft über umfangreichen Landbesitz in Indien verfügte, konnte England kein Interesse an ihrem Zusammenbruch haben. Die staatliche Stützungsaktion erfolgte am 10. Mai 1773 in der Form des vom Parlament verabschiedeten Teegesetzes *(Tea Act)*. Dadurch erhielt die Gesellschaft das Recht, unter Rückvergütung des englischen Zolls ihren Tee direkt an eigens dafür bestellte Agenten in den Kolonien zu verkaufen. Nicht diese Tatsache als solche erboste die Kolonisten, sondern daß der auf diese Weise privilegierte Tee der East India Company in den Kolonien mit einem Preisvorteil auf den Markt kam, der selbst von den kolonialen Teeschmugglern nicht aufgeholt werden konnte.

Über das Volksgetränk Tee ließen sich in den Kolonien leicht Gefühle mobilisieren. Obwohl der Tee theoretisch hätte billiger werden können, verstand es die Elite, gegen dieses Gesetz Stimmung zu mobilisieren, da auf diese Weise der eigene legale wie illegale Teehandel ruiniert wäre, die Kolonisten wirtschaftlich wieder einmal zu Bürgern zweiter Klasse degradiert worden seien und ganz englischem Gutdünken unter Mißachtung ihrer eigenen Interessen ausgeliefert wären. So einfach war jedoch der Franklinsche Gegensatz zwischen Patriotismus und Eigeninteresse offensichtlich nicht zu bewerten.

Es spricht für die fundamentale Legitimationskrise, in welche die englische Politik in den Kolonien geraten war, daß diese Argumente rasche Verbreitung gewinnen konnten. Die Agenten der East India Company wurden so lange bedroht und öffentlich durch die Sons of Liberty als Feinde Amerikas gebrandmarkt, bis sie ihre Kommissionen niederlegten. Lotsen etwa in New York wurden davor gewarnt, Teeschiffe in den Hafen zu geleiten.

Der Konflikt erschien unausweichlich, als Ende November 1773 die ersten drei Teeschiffe im Bostoner Hafen eintrafen. Was nun begann, wird von manchen als die Initialzündung zur Amerikanischen Revolution gedeutet, vergleichbar dem Sturm auf die Bastille vom 14. Juli 1789. Tatsächlich erhielt das Rad der Geschichte durch die folgenden Ereignisse einen derartigen Schwung, das es sich danach als nicht mehr anhaltbar oder gar rückdrehbar erweisen sollte. In der schon bekannten Art und Weise setzte mit der

Ankunft der Schiffe der politische Machtkampf zwischen Gegnern und Befürwortern der englischen Politik ein. Auf großen Massendemonstrationen wurde die Rücksendung der Schiffe nach England verlangt. Der Gouverneur taktierte, um endlich der nach seiner Überzeugung herrschenden Anarchie ein Ende zu bereiten, auf Zeitgewinn und bestand auf Entrichtung des Zolls, der nicht gezahlt wurde, da nicht entladen werden konnte.

Am 16. Dezember lief die Zwanzigtagefrist ab, nach der nicht deklariertes Zollgut konfisziert werden konnte. Sollte der Tee nicht doch noch unter dem Schutz britischer Soldaten an Land gebracht werden, mußte Samuel Adams handeln, der aus dem Kreis der Bostoner Elite als Radikalster galt und nicht zuletzt deswegen bestimmenden Einfluß auf die Mittel- und unteren Mittelschichten der Stadt ausübte. Auf sein Zeichen huschten im Schutze der Dunkelheit 100 bis 200 als Mohawkindianer verkleidete Männer zum Kai, enterten die drei Schiffe und warfen die insgesamt 342 Kisten Tee ins Hafenbecken, bevor sie sich ohne weitere Übergriffe zurückzogen.[12]

Die Gegner der britischen Politik jubelten, und der 16. Dezember 1773 sollte in die Geschichte eingehen als der Tag der *Boston Tea Party*. Was war geschehen? Die Ereignisse der voraufgegangenen Jahre hatten auf seiten der kolonialen Elite wie der britischen Regierung und ihrer Vertreter in den Kolonien den letzten noch vorhandenen Rest an Kompromißbereitschaft jeweils aus ganz unterschiedlichen Gründen aufgebraucht. Diese Vorgänge hatten die Elite in ihrer Politik der Abwehr jeder britischen Maßnahme bestärkt, die ihnen als Gefährdung ihrer politischen, ökonomischen und sozialen Position erschien. Dabei hatte es gerade die Bostoner Elite, nicht zuletzt dank der Persönlichkeit von Samuel Adams, nach anfänglichen Schwierigkeiten verstanden, die städtischen Mittel- und unteren Mittelschichten und selbst Teile der Unterschichten für diese Politik zu gewinnen und ungeachtet ihres massenhaften Auftretens in der Krise – man sprach in den kritischen Dezembertagen von über 8000 Demonstranten in Boston, was rund 50% der gesamten Stadtbevölkerung entsprach – nicht die Kontrolle über sie zu verlieren. Soweit wir schließlich über die Teilnehmer der Boston Tea Party informiert sind, handelte es sich dabei um typische Vertreter der städtischen Mittel- und unteren Mittelschichten, ergänzt durch einige wenige der Unterschichten: insbesondere Handwerker und Kaufleute, aber ebenso Lehrer und Ärzte wie Maurer und Seeleute. Von einigen Jugendlichen abgesehen, dürften die meisten Familienväter gewesen sein – insgesamt eine soziale Zusammensetzung, wie sie weitgehend der der Bastillestürmer in Paris knapp 16 Jahre später entsprechen sollte.

Mit der Boston Tea Party hatte die unmittelbare Herausforderung der britischen Autorität durch die Kolonisten eine bislang nicht gekannte Dimension erreicht. Gouverneur Thomas Hutchinson war öffentlich desavouiert worden – er sollte es gleich noch ein zweites Mal werden durch die Veröffentlichung vertraulicher Briefe an die englische Regierung. London wurde praktisch offiziell der Fehdehandschuh hingeworfen. Daß Boston dabei nicht allein stand, verdeutlichte in den folgenden Wochen und Monaten die Vernichtung von Teesendungen in mehreren anderen amerikanischen Hafenstädten. Aus Sicht der englischen Regierung mußte daher ein drastisches Exempel statuiert werden, um der Londoner Politik wieder den gebührenden Respekt und Gehorsam zu verschaffen; das unbotmäßige Boston erschien als das geeignete Objekt.

Mit drei, wie man sie in Amerika nannte, Zwangsgesetzen *(Coercive Acts)* wurden der Bostoner Hafen bis zur Leistung von Schadenersatz an die East India Company geschlossen, königliche Beamte weitgehend dem Zugriff kolonialer Gerichte entzogen und schließlich die *Charter* (vormoderne Verfassung) von Massachusetts *de facto* in wesentlichen Teilen annulliert, indem bei einer Reihe wichtiger Ämter vom Gouverneursrat bis zu den Gerichtsgeschworenen an die Stelle des Wahlprinzips das Ernennungsprinzip trat.

Zwei weitere Gesetze des Frühsommers 1774 heizten die Stimmung in den Kolonien zusätzlich an. Mit dem Quebec-Gesetz *(Quebec Act)* wurden nicht nur die bestehenden Institutionen des ehemals französischen Gebiets einschließlich der katholischen Kirche anerkannt, was für orthodoxe Protestanten geradezu ein Sakrileg war, sondern auch die Grenzen dieser Provinz ähnlich den einstigen französischen Ansprüchen bis zum Ohio ausgedehnt. In der Argumentation der dezidierten Gegenpropaganda hatte sich England damit nicht nur mit dem Papst gegen seine eigenen alten Kolonien verbündet, sondern zugleich über Land verfügt, auf das die Kolonien von Massachusetts bis Virginia aufgrund ihrer Charters Anspruch erhoben. Außer rechtlichen und religiösen Gesichtspunkten spielten dabei ökonomische Erwägungen vor allem für Teile der kolonialen Elite eine erhebliche Rolle, die seit langem an diesen Gebieten zwecks Landspekulation nachdrückliches Interesse hatten.

Mochte in diesem Fall die vorgebrachte moralische Entrüstung tatsächlich eher zweifelhafter Natur sein, war ein gewisser Mißmut über politische Konzilianz gegenüber Quebec in Zeiten eigener Bedrängnis nur zu verständlich. Gesteigert wurde dieser noch durch das gleichzeitige Einquartierungsgesetz, das erstmals auch die Unterbringung britischer Soldaten in Wohnhäusern legalisierte. Unverkennbar hatte der politische Druck eine neue Stufe erreicht.

Der koloniale Protest ließ nicht lange auf sich warten, und wieder einmal hatte England die Situation in den Kolonien falsch eingeschätzt. Boston und Massachusetts ließen sich nicht isolieren und die anderen Kolonien nicht einschüchtern; die im eigentlichen Wortsinn konservative, probritische Fraktion innerhalb der kolonialen Elite war in den zurückliegenden Jahren offensichtlich immer schwächer geworden. Schon längst hatten die vorwärtsdrängenderen und radikaleren Kräfte die Oberhand in ihren Reihen gewonnen, die auch jetzt wieder Unterstützung in allen anderen Kolonien (außer Georgia) für die Einberufung eines Kongresses mit Delegierten aller Kolonien nach Vorbild des Stamp Act Congress fanden, um gemeinsame Gegenmaßnahmen zur Zurücknahme der Coercive Acts zu beschließen.

Diese im nachhinein Erster Kontinentalkongreß *(First Continental Congress)* genannte Versammlung der Vertreter der kolonialen Elite trat am 5. September 1774 in Philadelphia zusammen. In mehrwöchigen Beratungen konnten sich schließlich die radikaleren Delegierten durchsetzen und erreichen, daß der Kongreß die Coercive Acts für verfassungswidrig erklärte; die Einwohner von Massachusetts wurden aufgefordert, bis zur Zurücknahme der Gesetze keine weiteren Steuern an die Regierung zu zahlen; dem Volk wurde empfohlen, sich zu bewaffnen und Milizen einzurichten; strikte Wirtschaftssanktionen gegenüber England wurden angeregt.

Die gemäßigteren Stimmen um Joseph Galloway, der den endgültigen Bruch mit Hilfe eines versöhnlichen Unionplans *(Plan of Union)* noch abzuwenden suchte, konnten sich nicht durchsetzen, während die Mehrheit sich die Auffassung zu eigen machte, daß die Kolonien allein dem König unterständen und das Londoner Parlament keine rechtmäßige Gewalt über sie besitze. Noch bedeutsamer hinsichtlich des Argumentationswandels der radikaleren Elite war jedoch, daß sie in dieser kritischen Zuspitzung der Lage im Bewußtsein der Notwendigkeit der Unterstützung durch die Mittel- und unteren Mittelschichten zaghaft deren Postulat von der Souveränität des Volkes als alleiniger Legitimationsgrundlage staatlicher Gewalt aufgriff. So war von den »unzweifelhaften Rechten und Freiheiten« der Amerikaner die Rede, die rechtmäßig von keiner Macht genommen oder geändert werden könnten »ohne ihre eigene Zustimmung durch ihre Repräsentanten in den verschiedenen kolonialen Legislativen«.[13]

Dieses Aufgreifen des Gedankens der Volkssouveränität wie des Naturrechts, mit dem die Elite die bislang ausschließliche Argumentationsebene der englischen Verfassung verließ, wird durchweg allein im äußeren Bezug als revolutionäre Wende in der Auseinandersetzung mit England interpretiert. Tatsächlich wurde diese Wende jedoch aus inneren Gründen vollzogen, um sich mit dem verbalen Einschwenken auf das politische Gedankengut der Mittelschichten, die seit Jahren damit argumentierten, deren weiterer Unterstützung in der verschärften Auseinandersetzung zu versichern.

Welche Konsequenzen sich aus deren Argumentation ergaben, hat sich nicht nur in diesen Monaten in Philadelphia, New York und anderen Städten gezeigt, wo sich die städtischen Mittel- und unteren Mittelschichten in sog. Handwerkerkomitees zur Durchsetzung ihrer innenpolitischen Forderungen zusammenschlossen, sondern auch im ländlichen Bereich, etwa der seit Jahren schwelenden und immer wieder in Unruhen und Demonstrationen sich äußernden Bewegung der sog. *Green Mountain Boys*, jener Siedler im nordöstlichen New York, die für die Unabhängigkeit ihres Gebiets (der *New Hampshire Grants*) von New York und für Selbstverwaltung kämpften, damit aber unmittelbar gegen die Elite von New York und ihre lokalen Amtsträger, gegebenenfalls auch gewaltsam, auftraten.[14] Es gab also durchaus Gründe, die Mittelschichten stärker an die Politik der Elite anzubinden, und Samuel Adams, der in Boston entscheidend zu diesem Bündnis beigetragen hatte, war auf dem Kontinentalkongreß federführend an dieser Wende beteiligt.

Der Kontinentalkongreß, dessen Beschlüsse praktisch zum Erliegen des britisch-amerikanischen Handels führten, ging am 26. Oktober 1774 auseinander, nachdem eine Petition an den König verabschiedet war. Man wollte am 10. Mai 1775 erneut zusammentreten, wenn zu diesem Zeitpunkt die aufgelisteten Gravamina weiter bestehen sollten. Dies galt zwar nicht als Ultimatum an das Mutterland, doch nicht allein verbal war der Ton ungleich härter und kompromißloser geworden. Man hatte England nicht nur unverhohlen gedroht, sondern mit konkreten Maßnahmen auch diesen Drohungen Nachdruck verliehen, wobei die Aufstellung und Bewaffnung der Miliz in Neuengland bereits zu vereinzelten, allerdings noch unblutigen Zusammenstößen mit britischem Militär führte, das bemüht war, die Pläne der Kolonisten zu durchkreuzen und die eigene Sicherheit zu verstärken.

Noch war es aber die Stunde der Politiker, zumal in London, wo Regierung und Opposition zunächst versöhnlichere Töne anschlugen, Parlament und König jedoch in der Handelspolitik unnachgiebig blieben. Die Entschlossenheit der tonangebenden radikalen Elite – »Freiheit oder Tod« lautete für Patrick Henry die Parole – war damit jedoch nicht zu beeindrucken. Das Gesetz des Handelns war beiden Seiten in dieser sich zuspitzenden Situation offensichtlich bereits weithin entglitten.

Als der englische General Gage in der Nacht zum 19. April 1775 700 Mann nach Concord in der Nähe von Boston entsandte, um erneut ein Depot der Miliz auszuheben, stellte sich diese nach entsprechender Warnung den Briten in Lexington in den Weg. Ein nie identifizierter Soldat verlor die Nerven, und es fiel »jener Schuß, der rund um die Welt gehört wurde«. Mit weiteren Salven schossen sich die Briten den Weg frei, wobei einige Amerikaner tot und verwundet zurückblieben. Das Land erwachte, Tausende von Milizionären strömten zusammen und griffen die britischen Truppen in Concord und auf ihrem fluchtartigen Rückzug nach Boston, das sie nur dank erhaltener Verstärkungen, doch um den Preis von fast 300 Toten, Vermißten und Verwundeten erreichten, immer wieder an.

Damit war die Krise beendet. Es begann ein insgesamt acht Jahre dauernder Krieg mit England und zugleich die noch langwierigere Phase des inneren Konflikts über die innere wie äußere Zukunft der dreizehn Kolonien.

2. Die Krise: Ausdruck eines paranoiden Syndroms?

Auf amerikanischer Seite waren die dominierenden Kräfte in der Krise des englischen Kolonialsystems zwischen 1763 und 1775 Angehörige der Elite der Kolonien. Sie hatten nachhaltig den Gang der Ereignisse bestimmt und damit entscheidend auf die übrigen kolonialen Gesellschaftsklassen eingewirkt. Was waren die Gründe für dieses Verhalten der Elite gewesen? Offensichtlich handelte es sich um mehr als eine reine Reaktion auf die englische Politik. Doch war, was sie bewegte – wie häufig behauptet wird –, letztlich nichts anderes als eine Paranoia oder ein paranoides Syndrom, die krankhaft übersteigerte Wahnvorstellung einer Verschwörung der englischen Politik zum Zweck der Versklavung der amerikanischen Kolonien?

Greift man auf eine psychoanalytische Erklärung zurück, fällt es nicht sonderlich schwer, zwischen 1763 und 1775 eine Art Identitätskrise der kolonialen Elite festzustellen. Jedoch ist mit Recht darauf hingewiesen worden, daß derartige Einschätzungen eher eine phänomenologische Beschreibung darstellen als eine Theorie der ihr zugrundeliegenden Ursachen.[15] Außerdem sind Identitätskrisen oder Statusunsicherheiten Phänomene, durch welche die Eliten in vergleichbaren europäischen Revolutionen des 16. bis 18. Jahrhunderts in hohem Maße gekennzeichnet waren. Weder in den Niederlanden noch in England oder – will man dieses Beispiel hinzunehmen – in Frankreich im 16. und 17. Jahrhundert waren sie als zielstrebig agierende, revolutionäre Elite angetreten, sondern aufgrund tatsächlicher oder perzipierter Veränderungen alarmiert worden, die sie in fortschreitender eigener Radikalisierung abzuwehren versuchten.[16] In allen diesen Fällen vermögen dagegen Konzepte wie Identitätskrise oder Statusunsicherheit die Gründe für das Verhalten der Elite letztlich nicht zu erklären.

Die Frage zielt vielmehr unmittelbar auf die Kausalität von Revolutionen, zu deren Beantwortung die heutige Revolutionsforschung drei globale Erklärungsschemata anbietet. Da ist zunächst das marxistische Konzept des Historischen Materialismus mit seiner Komponente der »bürgerlichen Revolution«, als dessen drei klassische Beispiele die Puritanische Revolution in England, die Amerikanische und die Französische Revolution gelten. Keineswegs nur ein Konzept zur Typologisierung von Revolutionen, soll der Begriff »bürgerliche Revolution« ausdrücken, daß ihr welthistorische Kräfte ursächlich zugrunde liegen, deren jeweils konkrete revolutionäre Ausprägung wesentliche Stationen auf dem Weg zur Durchsetzung der bürgerlich-kapitalistischen Ordnung verkörpern.

In der Tat spricht viel für eine derartige Deutung der Puritanischen wie Französischen Revolution, obgleich dieses Konzept in der Interpretation beider Revolutionen äußerst umstritten geblieben ist. So hat die Französische Revolution sicherlich erheblich mehr zur Durchsetzung einer bürgerlichen Ordnung in Frankreich im sozialen Bereich beigetragen als zum Sieg der kapitalistischen Produktionsweise auf ökonomischem Gebiet. An diesen Phasenverschiebungen in der historischen Entwicklung Frankreichs während der zweiten Hälfte des 18. und der ersten Hälfte des 19. Jahrhunderts kann auch ein globales Erklärungsmodell nicht vorbeigehen. In den amerikanischen Kolonien dagegen bedurfte es keiner Revolution, um eine Feudalgesellschaft in eine bürgerliche Gesellschaft umzuformen, da es in den Kolonien zuvor keinen Feudalismus gab. Wohl hat die Amerikanische Revolution – dies wird noch darzustellen sein – bestehende vereinzelte feudale Relikte, wie bedeutsam sie zuvor auch immer gewesen sein mögen, konsequent abgeschafft. Auf der anderen Seite hat sie ohne Frage in erheblicherem Maße zur Durchsetzung kapitalistischer Produktionsmethoden beigetragen, als dies etwa wenig später in Frankreich der Fall war. So gesehen wird man die Amerikanische Revolution durchaus, um ihren historischen Ort zu charakterisieren, als »bürgerliche Revolution« einstufen können.

Wenn jedoch die Frage ihrer perzipierten Ursachen und die Deutung der Handlungsmotive zumal der kolonialen Elite beantwortet werden soll, hilft das Konzept der »bürgerlichen Revolution« wenig weiter. Denn – und dies hat die Analyse der Krise zwischen 1763 und 1775 deutlich gemacht – den Aktionen der Elite lag weder ein revolutionärer Impetus noch eine grundsätzliche Gegnerschaft zum britischen Merkantilsystem zugrunde. Es ist daher ein Gemeinplatz, festzustellen, daß selbst im Fall von sog. erfolgreichen Revolutionen sich ihre Ergebnisse bestenfalls partiell mit ihren Ursachen und Ausgangsmotiven gleichsetzen lassen. Wenn diese erfaßt werden sollen, ist es daher erforderlich, weitere Erklärungsmodelle heranzuziehen.

Einem zweiten Kausalitätsmodell, das in den letzten Jahrzehnten viel Beachtung gefunden hat, liegt als Ausgangspunkt das soziale System, seine Struktur und seine Funktionen zugrunde. »Ein soziales System wird nur dann für ideologische Angriffe auf seine Werte empfänglich, wenn es sich im Zustand der Unausgeglichenheit befindet.«[17] Diese sehr verbreitete Ansicht geht von dem Idealbild der in sich ausgewogenen, harmonischen Gesellschaft aus, das über lange Perioden hin immer wieder die Interpretation der Amerikanischen Revolution geprägt hat und von den sog. Konsens-Historikern unverändert propagiert wird. Die Analyse der Vorbedingungen der Amerikanischen Revolution und der ihr vorausgehenden Krise hat jedoch deutlich gemacht, daß eine derartige Idealvorstellung hinsichtlich der kolonialen Gesellschaft keine praktische Bedeutung beanspruchen kann. Vielmehr haben wir dort soziale Systeme vorgefunden, die sich beständig in innerem Konflikt befanden, eine Situation, die insgesamt sehr viel mehr den Vorstellungen von realer sozialer Ordnung entspricht, wie sie von der modernen Soziologie vertreten werden.[18]

Wir werden daher auch von der Harmonietheorie ausbalancierter sozialer Systeme keine Antwort auf die Frage nach den Ursachen der Amerikanischen Revolution und der Handlungsmotive zumindest der kolonialen Elite erwarten können. Bleibt als dritte, heute besonders verbreitete Kausaltheorie über Revolutionen die der »relativen Deprivation«. Die soziale Deprivation, verstanden als die Spannung zwischen dem, was ist, und dem, was sein sollte, zwischen Erwartung und Erfüllung, umschließt sowohl ökonomische Wertvorstellungen als auch politische von Partizipation und Sicherheit wie soziale von Status und Zusammengehörigkeit. Dabei kann die Erwartung gleichbleiben, die tatsächlichen Möglichkeiten können jedoch abnehmen (absteigende Deprivation); die Erwartung kann bei gleichbleibenden Möglichkeiten zunehmen (ansteigende Deprivation), und in einer dritten Form können die Spannungen wachsen, weil die Möglichkeiten nicht mehr so rasch weitersteigen wie die Erwartungen (progressive Deprivation). Diese Form gilt als Sonderfall der ansteigenden Deprivation, wobei »eine langandauernde, mehr oder weniger stetige Verbesserung der Wertposition der Bevölkerung Erwartungen über fortdauernde Verbesserungen hervorruft. Wenn die Wertmöglichkeiten nach einer solchen Periode der Verbesserung sich stabilisieren oder abnehmen, ist die progressive relative Deprivation das Ergebnis.«[19]

Schon vor rund 130 Jahren hatte Alexis de Tocqueville mit Blick auf die Französische Revolution durchaus ähnliches festgestellt: »Das Régime, das eine Revolution zerstört, ist fast immer besser als das, das ihm unmittelbar vorausgegangen ist ... Das Übel, das man geduldig als unvermeidbar erlitt, scheint unerträglich schon bei dem Gedanken, sich ihm zu entziehen.« Daher schien de Tocqueville der gefährlichste Augenblick einer schlechten Regierung der zu sein, wenn sie beginnt, sich zu reformieren.[20] Diese Charakterisierung trifft sicherlich zu einem erheblichen Maße auf das Frankreich vor 1789 zu. Auch die amerikanischen Kolonien sahen sich 1763 in einem kontinuierlichen Aufwärtstrend, sowohl was die ökonomische Entwicklung als auch was die politischen Mitwirkungsmöglichkeiten und den sozialen Status der Elite betraf. Sicherlich bestanden hier sozialpsychische Erwartungen, die in den folgenden Jahren immer häufiger auf die sich verändernden Grundzüge britischer Politik stießen.

Dennoch scheint diese Erklärung zur Deutung der Ursachen der Amerikanischen Revolution und der Handlungsmotive der kolonialen Elite noch nicht auszureichen. Enttäuschte Erwartungen lösen gewiß Unzufriedenheit aus. Ein zwingender Kausalzusammenhang zwischen Unzufriedenheit und Bereitschaft zum politischen Widerstand bis hin zur Revolution besteht jedoch keineswegs. Vielmehr scheinen drei weitere, sehr eng miteinander verknüpfte Faktoren in den amerikanischen Kolonien wie möglicherweise generell in analogen Situationen eine entscheidende Rolle gespielt zu haben:

– Unzufriedenheit über enttäuschte Erwartungen kann sicherlich persönlichen Widerstand hervorrufen, der zu einer kollektiven Aktion führen mag. Voraussetzung dafür ist jedoch eine erhebliche politische Sensibilisierung der sich betroffen fühlenden Bevölkerungsteile, d. h. in einem frühmodernen, noch mehr oder weniger starke Elemente einer hierarchischen Sozialstruktur aufweisenden Staat die der sozioökonomischen Elite. Da diese, um sich die Unterstützung weiterer Bevölkerungsteile, insbesondere der Mittel- und unteren Mittelschichten, zu sichern, ihre politische Opposition auf ebenso generelle wie prinzipielle Argumente abstützen wird, kann, zumal wenn ihr die soziale Mobilisierung gelingt, leicht eine Situation eintreten, die zunehmend eine politische Eigendynamik entwickelt. Wir haben es mit anderen Worten mit einer Lage zu tun, in der Unzufriedenheit aus enttäuschter

Erwartung politisch umsetzbar ist und einen sozialen Mobilisierungseffekt bewirkt.

– Dieses Auftreten der Elite scheint in der Regel nur erreichbar, wenn ihr perzipierend-reaktives Verhalten zugleich die aktive Dimension der eigenen Statussicherung oder -verbesserung zum Inhalt hat. Diese Statusbedrohung wird auf zwei Ebenen empfunden: Zum einen unter politischen Vorzeichen durch die Regierung, womit in der Regel die Monarchie gemeint ist; zum anderen in wachsendem Maße unter sozialen Gesichtspunkten durch die mobilisierten und bald eigenständige Vorstellungen zukünftiger soziopolitischer Ordnung vorbringenden Mittel- und unteren Mittelschichten, zu denen nach einiger Zeit auch die Unterschichten hinzukommen. Erst wenn die Unzufriedenheit sich zur empfundenen Bedrohung ausweitet, scheint sie in der Lage zu sein, jenes Potential freisetzen zu können, das schließlich in der Verbindung mit anderen Teilen der Bevölkerung zur Revolution führt.

– Das Empfinden der Statusbedrohung »von oben« hängt in mehrfacher Hinsicht mit der Staatsmacht zusammen. Einerseits wird sie tatsächlich oder vermeintlich eine Politik des Wandels und der Veränderung eingeschlagen haben und damit nach außen als handlungsfähig erscheinen. Andrerseits erweckt ihre Politik bei ihren Widersachern den Eindruck, daß sie angreifbar, verwundbar, ja letztlich besiegbar ist. Daß dennoch ihre Politik als Bedrohung empfunden wird, liegt zu einem erheblichen Maß daran, daß über ihre Motive und Ziele keine endgültige Klarheit herrscht, sondern nur sozialpsychisch aktivierbare Gerüchte und Vermutungen kursieren. Hiermit lassen sich Gruppenängste weiterer Bevölkerungsteile mobilisieren und im Sinne der eigenen politischen Zielsetzung zumindest anfänglich steuern.

Dieses Geflecht aus relativer Deprivation, verbunden mit einer zunehmenden Eigendynamik der Krise, der von einflußreichen Kreisen der sozioökonomischen Elite empfundenen Statusbedrohung und einer reformistischen, dabei jedoch geschwächt erscheinenden Staatsmacht, über deren Motive und Ziele letztlich Unklarheit bestand, finden wir in den Jahren vor und unmittelbar nach 1789 in Frankreich vor, und wir treffen es in vergleichbarem Maße in den amerikanischen Kolonien nach 1763 an, ohne daß diese Kausalzusammenhänge in der Literatur bislang mit der erforderlichen Deutlichkeit herausgearbeitet worden sind.

Es ist daher, um diese Situation und damit das Handeln der sozioökonomischen Elite der Kolonien verständlich zu machen, vielfach behauptet worden, sie hätte aus der paranoiden Vorstellung einer Verschwörung der englischen Politik gegen ihre Rechte und Freiheiten gehandelt, deren Ziel es gewesen sei, sie zu unterdrücken und zu versklaven.[21] Was zunächst nur als umschreibende Metapher formuliert war, die keinen klinischen Befund ausdrücken sollte, ist dann in einer weiteren Deutung zur krankhaften Wahnvorstellung und geistigen Verirrung geworden.[22]

Die Gründe für diese Interpretationen sind sicherlich vielfältiger Art und zu einem erheblichen Teil aus der Situation der Vereinigten Staaten in den sechziger und frühen siebziger Jahren unseres Jahrhunderts, von der Ermordung John F. Kennedys bis zum Vietnam-Trauma, zu erklären. Sie resultierten jedoch zugleich aus der Schwierigkeit, revolutionäre Kausalgeflechte offenzulegen, die sich globalen Revolutionstheorien durchweg ebenso verschließen wie monokausalen Deutungen von der kollektiven Paranoia der revolutionären amerikanischen Elite.

Gewiß gab es in den Reihen der Elite einige, die der englischen Politik in höchstem Maße mißtrauisch gegenüberstanden und jederzeit bereit waren, ihr übelwollende Motive und finstere Absichten zu unterstellen. Einerseits ließen sich dafür immer wieder Beispiele anführen, doch gelang kaum je der empirische Nachweis, daß genau dies das eigentliche Prinzip britischer Politik gegenüber den Kolonien nach 1763 war. Andrerseits war der Verschwörungsgedanke im 18. Jahrhundert eine verbreitete Metapher, die nichts mit mentalen Verirrungen zu tun hatte, wie man sie in einer derart pauschalen Weise schwerlich an der revolutionären Elite Amerikas kollektiv diagnostizieren kann.[23]

Im Gegenteil, die koloniale Elite mußte die Frage nach den Motiven der englischen Politik unmittelbar interessieren. Wenn dabei von ihr der Verdacht einer hinterlistigen Verschwörung geäußert wurde, ist das kein Beweis für ihre eigene Irrationalität – auch während der Französischen Revolution kursierte auf beiden Seiten eine ganze Fülle von unterschiedlichen Verschwörungstheorien, ohne daß ihre jeweiligen Propagandisten pauschal als irrational oder paranoid einzustufen sind –, zumal im Einzelfall gar nicht erwiesen ist, daß sie jeweils selber daran glaubten. Denn gerade weil Verschwörungstheorien in der Zeit so beliebt waren, ließen sie sich leicht in der politischen Argumentation einsetzen in der Absicht, mit ihrer Hilfe Unterstützung für die eigenen Interessen und Zielsetzungen zu mobilisieren. Die große politische Erfahrung der kolonialen Elite dürfte ein deutlicher Hinweis darauf sein, daß die Verschwörungstheorie bewußt zum Zwecke einer breiteren politischen Unterstützung aus den übrigen Bevölkerungsklassen für die von ihr verfolgte Politik benutzt wurde. Daß insbesondere die Mittel- und unteren Mittelschichten dieses Argument aufgriffen, kann wiederum als Indiz dafür gewertet werden, daß sie damit eine politische Situation herbeigeführt sahen, in der sie eigene Gravamina und soziopolitische Ziele zu formulieren und nachdrücklicher vorzubringen vermochten. Nicht als Paranoia, jedoch als politische Mobilisierungsmetapher kam daher der Verschwörungstheorie im Ursachengeflecht der Amerikanischen Revolution eine weitreichende Bedeutung zu.

IV. Der Konflikt mit dem Mutterland und die Auseinandersetzungen im Innern (1775-1787)

Man wird der Elite der Kolonien nicht nachsagen können, sie habe bewußt oder zielstrebig auf einen bewaffneten Konflikt mit dem Mutterland hin gearbeitet. In ihrer wachsenden Entschlossenheit, in der sie durch die Haltung der übrigen Bevölkerungsklassen, in deren Reihen bereits seit geraumer Zeit die Frage der zukünftigen inneren Ordnung offen diskutiert wurde, nachdrücklich bestärkt wurde, war jedoch die theoretische Möglichkeit der kriegerischen Auseinandersetzung als *ultima ratio* längst aufgetaucht. Der Aufruf des Ersten Kontinentalkongresses zur Volksbewaffnung und zur Aufstellung von Milizen war ein deutlicher Hinweis in diese Richtung.

Daß tatsächlich die Kampfhandlungen am 19. April 1775 in Lexington ihren Anfang nahmen, kam für die Elite prinzipiell nicht mehr überraschend. Alles andere als widerwillig die Herausforderung aufnehmend, mußte sie sogar ein gewisses Interesse an ihr haben, da sich damit neue Solidarisierungseffekte erzielen ließen und von der kontroversen innenpolitischen Diskussion und dem Drängen wachsender Kreise zumal in den Reihen der Mittel- und unteren Mittelschichten auf größere politische Mitspracherechte abgelenkt werden konnte. Ein Krieg mit England hatte daher nicht nur den äußeren Aspekt der schließlichen Erringung der Unabhängigkeit, sondern auch die innenpolitische Komponente, daß er die Mittel- und Unterschichten noch stärker in eine von der Elite dominierte Politik einbeziehen und diese dabei mit der Aureole eines Kampfes für die amerikanische Freiheit umgeben konnte. Damit war zugleich sichergestellt, daß den politischen Zielen der Elite oberste Priorität gebührte. Indem alle Bevölkerungsschichten aufgerufen waren, an der Verwirklichung dieser Ziele aktiv mitzuwirken, konnte die Elite zugleich erreichen, daß davon abweichende politisch-soziale Vorstellungen nur einen untergeordneten Rang beanspruchen konnten, womit der Versuch, sie in ihrem Sinne weitgehend zu manipulieren, erleichtert war. Ohne damit den Unabhängigkeitskrieg als einseitige Maßnahme zur innenpolitischen Disziplinierung hinzustellen – die *Gironde* sollte während der Französischen Revolution eine derartige Politik sehr viel bewußter, aber auch letztlich erfolglos anstreben –, geht seine Bedeutung jedoch eindeutig über den militärisch-außenpolitischen Aspekt hinaus und ist ohne seine innenpolitischen Rückwirkungen nicht zu erfassen.

1. Der Unabhängigkeitskrieg gegen England

Lexington hatte das Startzeichen zu einem unerklärten Krieg gegeben, und statt die weiteren Schritte der britischen Kolonialpolitik abzuwarten, wurden die Kolonisten nun selber aktiv, um die Gunst der Stunde zu nutzen. In Massachusetts wurde die Aufstellung einer 13 000 Mann umfassenden Truppe vereinbart, die übrigen Kolonien wurden zur Hilfeleistung aufgefordert. Wenige Tage später beschlossen die revolutionären Führer der Kolonie, das strategisch wichtige Fort Ticonderoga im nördlichen New York anzugreifen, um in den Besitz der schweren Waffen der englischen Garnison zu gelangen und zugleich den Weg nach Kanada freizumachen.

Der am 10. Mai 1775 in Philadelphia vereinbarungsgemäß zusammengetretene Zweite Kontinentalkongreß gab diesen Maßnahmen seine volle Rückendeckung, rief den Verteidigungszustand für alle Kolonien aus und forderte die Einwohner Kanadas auf, sich diesem Vorgehen anzuschließen. Schließlich sollten die die englische Garnison in Boston belagernden amerikanischen Truppen zum Kern einer aus allen Kolonien rekrutierten, einem einheitlichen Oberbefehl unterstellten Kontinentalarmee werden. Nach längerer Diskussion wurde George Washington als namhafter Vertreter der revolutionären Elite am 15. Juni einstimmig zum Oberbefehlshaber aller amerikanischen Truppen ernannt.

Noch bevor in den Kolonien erste Reaktionen der Londoner Regierung auf Lexington vorlagen, hatten die Amerikaner wesentliche Schritte zur Vorbereitung des Krieges unternommen und damit deutlich gemacht, daß Lexington für sie kein Einzelfall bleiben werde. Auch die Engländer waren in diesen entscheidenden Wochen nicht untätig geblieben. Drei englische Generale, unter ihnen John Burgoyne, waren zur Verstärkung der britischen Truppen in Amerika eingetroffen, und am 12. Juni hatte der englische Oberbefehlshaber das Kriegsrecht über die Kolonien verhängt. Bereits wenige Tage später kam es am Bunker Hill bei

Boston zur ersten größeren Schlacht des Krieges, in der sich erstmals reguläre britische Truppen und amerikanische Verbände geschlossen gegenüberstanden. Obwohl die Briten dank ihrer besseren Logistik schließlich siegreich waren, hatten sie mit über 1000 Toten das Zehnfache der amerikanischen Verluste zu beklagen, wodurch die Amerikaner sich trotz der Niederlage militärisch bestärkt sahen.

Aus dieser Position der Stärke hat die koloniale Elite Anfang Juli eine letzte Petition an den König zur Verhinderung weiterer Blutvergießens und zur Ausarbeitung eines Versöhnungsplans gerichtet, zugleich aber auch eine feierliche Erklärung verabschiedet, in der die Weltöffentlichkeit über die Gründe unterrichtet wurde, welche die Kolonisten zum Ergreifen der Waffen veranlaßt hatten. Obwohl darin jedes Streben nach Unabhängigkeit expressis verbis verneint wurde, ließ der Kongreß keinen Zweifel an der amerikanischen Entschlossenheit: »Ehre, Gerechtigkeit und Menschlichkeit verbieten uns, jene Freiheit gefügig herzugeben, die wir von unseren tapferen Vorfahren erhalten haben und die unsere unschuldige Nachkommenschaft ein Recht hat, von uns zu erhalten . . . Unsere Sache ist gerecht. Unsere Verbindung ist vollkommen. Unsere eigenen Hilfsquellen sind groß, und falls erforderlich wird auswärtige Unterstützung ohne Zweifel zu erhalten sein.«[1] Die Sprache war unmißverständlich.

Die englische Politik war dagegen nicht bereit, ihre prinzipiellen Positionen zu verlassen, und so nahm der Krieg seinen Fortgang, der bis zum Jahresende von dem erfolglosen amerikanischen Angriff auf Kanada, von den ersten amerikanischen Bemühungen, in Europa aktive Unterstützung zu finden und von der Ausweitung des Kriegsgeschehens in die südlichen Kolonien geprägt war. Obgleich es den Amerikanern dabei durchweg an militärischer Disziplin und Ausrüstungsgegenständen aller Art fehlte, hatten sie den Vorteil, sich in der ihnen vertrauten Umgebung relativ unauffällig und problemlos bewegen und dabei dem Gegner ihre Taktik aufzwingen zu können, dessen gut ausgebildete Armeen demgegenüber wesentlich unbeweglicher und trotz der britischen Seeherrschaft angesichts der immensen Nachschublinien immer wieder mit kaum lösbaren logistischen Problemen konfrontiert waren. Anders als die Briten mußten die Amerikaner keinen Eroberungskrieg führen, sondern konnten sich auf die Zermürbung des Gegners beschränken, wobei ihnen sowohl die engere Verbindung zwischen politischem und militärischem Entscheidungszentrum zugute kam als auch indirekt die mangelnde Vertrautheit der Londoner Regierung mit den tatsächlichen Erfordernissen des Krieges in Amerika.

Dieser Krieg war nicht – traditionellen europäischen Feldzügen vergleichbar – von großen Schlachten geprägt, sondern von zahlreichen kleinen Scharmützeln, Überfällen und Hinterhaltsgefechten, wie sie das Merkmal moderner Guerillakriege sind, denen die im 18. Jahrhundert herrschenden Vorstellungen von ordentlicher Kriegführung aber widersprachen. Im Rahmen dieser Determinanten des Krieges brachte das Jahr 1776 in mehrfacher Hinsicht eine Verschärfung der Auseinandersetzungen mit sich. So mußten die Briten unter amerikanischem Druck im März 1776 Boston räumen und sich nach Halifax zurückziehen, während etwa gleichzeitig im fernen Paris die Entscheidung fiel, daß Frankreich – ohnehin auf eine Gelegenheit zur Revanche für die im Siebenjährigen Krieg erlittene Niederlage durch Großbritannien wartend – ab sofort mit Geld, Waffen, Munition und Ausrüstungsgegenständen die Amerikaner, wenn auch zunächst nur inoffiziell, unterstützen wollte.

Der Krieg begann sich auszuweiten. Auch Spanien zeigte Neigung, den Amerikanern Hilfe zukommen zu lassen. Der zunächst noch verdeckten Internationalisierung des Konflikts entsprach, daß in den Kolonien die politische Bewegung für die völkerrechtliche Unabhängigkeit von Großbritannien erheblich an Bedeutung gewonnen hatte. Anfang Januar war Thomas Paines *Common Sense* erschienen und hatte ungeheures Aufsehen erregt. Innerhalb kürzester Zeit waren weit über 100 000 Exemplare des Pamphlets verkauft, und der bis dahin kaum öffentlich geäußerte Ruf nach Unabhängigkeit war fortab aus der politischen Tagesdiskussion nicht mehr wegzudenken. Paine hatte ausgesprochen, was viele dachten.

Am 12. April ermächtigte Nordkarolina seine Delegierten, im Kongreß für die Unabhängigkeit einzutreten, worauf Richard Henry Lee, aus einer der »ersten« Familien Virginias stammend, am 7. Juni im Kongreß die Resolution einbrachte, daß die vereinigten Kolonien »freie und unabhängige Staaten sind und rechtens sein sollten«. Am 11. Juni wurde ein Fünferausschuß eingesetzt mit dem Auftrag, eine formelle Unabhängigkeitserklärung auszuarbeiten. Am 2. Juli beschloß der Kongreß einmütig die staatsrechtliche Unabhängigkeit der 13 Kolonien und debattierte an diesem und dem folgenden Tag die von Thomas Jefferson entworfene Erklärung, die in geringfügig veränderter Form am 4. Juli 1776 wiederum einstimmig angenommen wurde. »Folgende Wahrheiten halten wir für selbstverständlich: daß alle Menschen gleich geschaffen sind; daß sie von ihrem Schöpfer mit gewissen unveräußerlichen Rechten ausgestattet sind; daß dazu Leben, Freiheit und das Streben nach Glück gehören; daß zur Sicherung dieser Rechte Regierungen unter den Menschen eingesetzt werden, die ihre rechtmäßige Macht aus der Zustimmung der Regierten herleiten; daß, wann immer irgendeine Regierungsform sich als diesen Zielen abträglich erweist, es Recht des Volkes ist, sie zu ändern oder abzuschaffen.«[2]

Mit dem Pathos einer Revolution, das mehr dazu bestimmt war, das aufgeklärte Europa als die britische Regierung zu beeindrucken, wurden die Grundprinzipien einer liberal-demokratischen Ordnung, die Volkssouveränität und das Widerstandsrecht des Volkes verkündet. Analog zur späteren Situation in Frankreich ist jedoch auch die Amerikanische Revolution von jenem immanenten Spannungsverhältnis zwischen Rhetorik und Realität geprägt, in der der revolutionäre Anspruch aufgrund seiner Eigendynamik Gefahr läuft, in wachsenden Widerspruch zum sich weit weniger prinzipiell verändernden Alltag der Revolution zu geraten. Erst in der politischen Retrospektive späterer Jahre wie in der popularisierten Erinnerung einer fernen Nachwelt, und dies macht einen erheblichen Teil des zu Beginn angesprochenen Mythos aus, sollten die Unterschiede zwischen Anspruch und Wirklichkeit der Amerikanischen Revolution bis zur Unkenntlichkeit verwischt werden.

Der Krieg, nun formell zum Unabhängigkeitskrieg geworden, erfuhr 1776 noch eine zweifache bedeutsame Ausweitung. England hatte sich seit geraumer Zeit sowohl in Amerika als auch in Europa um zahlenmäßige Verstärkung seiner Truppen bemüht. So hatte es, um die Position der Aufständischen zu unterminieren, in den ehemaligen südlichen Kolonien verkündet, daß alle schwarzen Sklaven, die zu den Briten überliefen, die Freiheit erhielten. Tausende von Sklaven, für welche die Parolen der Unabhängigkeitserklärung Schall und Rauch waren, haben sich für die Erlangung ihrer persönlichen Freiheit entschieden, sind bei einer günstigen Gelegenheit zu den Briten übergelaufen und haben an ihrer Seite gegen ihre einstigen Herren gekämpft. Sehr viel weniger prinzipiell haben die Briten auf weiße Amerikaner zurückgegriffen, die der Krone treu geblieben waren und als sog. Loyalisten die Politik der revolutionären Elite verurteilten. Rund 19 000 dieser Loyalisten sind in britische Militärdienste eingetreten und haben am Krieg gegen ihre Landsleute aktiv teilgenommen.[3]

Am konsequentesten und nachhaltigsten haben sich die Briten um Verstärkung aus Europa unter Rückgriff auf die traditionsreiche europäische Institution des Soldatenhandels bemüht. Gegen lukrative Bezahlung des Landesfürsten lieh man sich dessen oft zu diesem Zweck eigens ausgehobene Soldaten für die Kriegszeit aus. Als geschlossene Bataillone oder Regimenter traten sie samt ihren Offizieren in fremde Kriegsdienste. Rund 30 000 Soldaten aus deutschen Kleinstaaten, mehrheitlich aus Hessen–Kassel sowie aus Hessen–Hanau, Waldeck, Braunschweig, Ansbach–Bayreuth und Anhalt–Zerbst, haben auf diese Weise schließlich die englischen Reihen verstärkt und in Amerika an dem Krieg gegen die Aufständischen teilgenommen.

Noch eine zweite Ausweitung brachte der Krieg 1776 mit sich: Der amerikanische Kongreß ernannte eine diplomatische Kommission mit Sitz in Paris, mit der Aufgabe, Bündnisverträge mit europäischen Mächten auszuhandeln. Ihr bedeutendstes, in Europa hoch geachtetes Mitglied war der siebzigjährige Benjamin Franklin, in den Augen des aufgeklärten Europa der überzeugendste Beweis für die moralische Rechtfertigung des amerikanischen Widerstands gegen die freiheitsfeindliche Politik der englischen Regierung.

Weniger erfolgreich als diese diplomatische Offensive in Europa waren die amerikanischen Truppen auf dem Kriegsschauplatz. Der englischen Übermacht weichend, mußte Washington mit seiner Armee im September 1776 die Stadt New York aufgeben und sich unter erheblichen Verlusten schließlich nach Süden über den Delaware zurückziehen. Auch der Überraschungscoup, mit dem Washingtons Soldaten am 26. Dezember 1776 die hessische Garnison in Trenton überrannten und rund 1000 Hessen gefangennahmen, so wichtig er psychologisch auch war, änderte nichts an der für die Amerikaner in den folgenden Monaten immer prekärer werdenden militärischen Situation. Philadelphia war unmittelbar bedroht – und wurde im September 1777 tatsächlich von den Briten eingenommen –, und Neuengland wurde zunehmend von den übrigen Staaten isoliert; England schien vor einem entscheidenden Sieg zu stehen, an dem auch der Einsatz europäischer Offiziere, die erst *post festum* zu großen Berühmtheiten werden sollten, unter ihnen der jugendliche Marquis de Lafayette, der angebliche Baron Johann de Kalb, der spätere polnische Freiheitskämpfer Tadeusz Kościuszko sowie der zum amerikanischen Generalinspekteur ernannte preußische Baron Friedrich Wilhelm v. Steuben, nichts zu ändern vermochte.

Daß es letztlich nicht dazu kam, verdanken die Amerikaner weitgehend der englischen Generalität, ihrem Unvermögen und ihrer Rivalität untereinander. Im Juni 1777 war Burgoyne mit fast 8000 Mann von Kanada aus aufgebrochen, um auf New York zu marschieren. Wäre ihm die sich dort befindliche Armee, statt auf Philadelphia zu ziehen, wie erwartet entgegengekommen, wäre Neuengland endgültig von dem übrigen Amerika isoliert worden. So aber blieb Burgoyne allein und geriet im oberen New York durch die Amerikaner in eine immer bedrängtere und schließlich ausweglose Lage. Am 17. Oktober 1777 mußte er sich mit seinen verbliebenen knapp 6000 Mann den Amerikanern unter Horatio Gates bei Saratoga ergeben. Die Amerikaner hatten einen folgenreichen Sieg errungen, die Engländer eine ganze, kaum zu ersetzende Armee verloren.

Zu den politischen Konsequenzen des amerikanischen Siegs bei Saratoga gehörte die französische Bereitschaft – einem eventuellen amerikanisch-englischen Ausgleich entgegenwirkend –, nunmehr die Unabhängigkeit der Vereinigten Staaten offiziell anzuerkennen und am 6. Februar 1778 mit ihnen zwei Verträge abzuschließen, einmal einen Freundschafts- und Handelsvertrag, zum anderen einen Bündnisvertrag, in dem Frankreich seine volle Unterstützung für die Aufrechterhaltung der Freiheit, Souveränität und Unabhängigkeit der gegen Großbritannien kämpfenden amerikanischen Staaten zusicherte. Frankreich verzichtete dabei zugleich auf eine Rückgewinnung Kanadas und wollte sich statt dessen an den ökonomisch ohnehin interessanteren britischen westindischen Inseln schadlos halten.

Mit dieser Anerkennung konnte die amerikanische Diplomatie einen weitreichenden Erfolg verbuchen. Außenpolitisch war die neue Republik nicht länger isoliert, auch wenn sich die Hoffnung, daß weitere europäische Staaten, darunter Spanien und Preußen, dem französischen Schritt rasch folgen würden, nicht erfüllte. Indem Frankreich politisch offen auf die Seite Amerikas getreten war, war die außenpolitische Lage des Inselreichs prekär geworden, zumal die Ausweitung des Krieges auf Frankreich jetzt nur noch eine Frage der Zeit war. In aller Eile unternahm die britische Regierung einen neuerlichen Versuch, einen Ausgleich mit den aufständischen Kolonien herbeizuführen: Sie signalisierte Bereitschaft, praktisch alle amerikanischen Forderungen, außer der Unabhängigkeit, zu akzeptieren und sämtliche Gesetze seit 1763 zurückzunehmen. Der Kongreß verhielt sich jedoch gegenüber der englischen Friedenskommission ablehnend: Verhandlungen mit England könne es nur geben, wenn dieses seine Truppen aus Amerika zurückziehe und die amerikanische Unabhängigkeit anerkenne.

Die Amerikaner trumpften politisch stärker auf, als ihre militärische Lage erlaubte. Das lange, ungewohnte Winterlager in Valley Forge 1777/78, unweit von Philadelphia, hatte die Soldaten durch Untätigkeit und gravierende Versorgungsengpässe demoralisiert. Das Wort vom »Sonnenscheinsoldaten« ging um, der die Mühen und Frustrationen des militärischen Alltags scheute und es vorzog, sich nach Hause zu seiner Familie zurückzustehlen. Man sprach offen von der »amerikanischen Krise«, die auch v. Steuben nicht abzuwehren vermochte, obwohl er die Zeit nutzte, um den verbleibenden Soldaten preußischen Drill und militärische Disziplin beizubringen.

Mochte das auch für die amerikanische Militärgeschichte weiterwirkende Folgen haben, in den Kriegsereignissen des Jahres 1778 spielte es eher eine ephemere Rolle. Der Krieg schleppte sich über eine Fülle von Geplänkeln hin, in denen mal die eine, mal die andere Seite einen Vorteil verbuchte, wobei es den Briten am Jahresende mit der Einnahme von Savannah gelang, ihre Position im Süden auszubauen.

Auch die Jahre 1779 und 1780 brachten keine militärische Wende, wenngleich Frankreich inzwischen auf beiden Seiten des Atlantik aktiv am Krieg teilnahm und im Juni 1779 auch noch Spanien in den Krieg gegen Großbritannien eingetreten war. Die Briten hatten sich im Süden festgesetzt, und eine französische Armee unter Graf Rochambeau war im Juli 1780 in Newport (Rhode Island) an Land gegangen.

Die amerikanische Hinhaltetaktik zur Zermürbung des Gegners

förderte indirekt häufig Unwillen und Verdruß in den eigenen Reihen, ohne daß sie bereits allein unmittelbare Ursache für den spektakulären Verratsfall war, bei dem sich im September 1780 der amerikanische General Benedict Arnold zu den Briten absetzte. In einem Krieg, der schon deutliche Ansätze psychologischer Kriegsführung zeige – so versuchte man, mit Hilfe von auf Flugblättern ausgemalten materiellen Lockangeboten vor allem die aus Deutschland stammenden Soldaten der britischen Armee zur Desertion zu verleiten, die dann in der Tat von Tausenden, wenn auch häufig aus rein persönlichen Gründen, unternommen wurde –, stellte die Flucht zweifellos einen Aufsehen erregenden Vorgang dar. Es ist jedoch bezeichnend für die sehr unterschiedliche amerikanische Situation, daß dieser Vorgang aus amerikanischer Sicht Verrat blieb und damit unter primär nationalen Aspekten beurteilt wurde, während der Überlauf von Generalen während der Französischen Revolution zusätzlich stets mit dem Odium der Konterrevolution behaftet war. Dagegen hat in Amerika der Fall Benedict Arnold ebensowenig wie das Auftreten der Loyalisten zur Herausbildung eines der Französischen Revolution vergleichbaren Konzepts der Konterrevolution beitragen können.

Meutereien von Truppenteilen, wie sie in Amerika in diesen Jahren immer wieder vorkamen, hatten daher grundsätzlich einen sehr viel geringeren politischen und militärischen Stellenwert als einige Jahre später in Frankreich. Als ungleich gravierender wurde von der revolutionären Führung das Problem der weiteren Finanzierung des Krieges angesehen, der die amerikanischen Staaten an den Rand des finanziellen Kollapses getrieben hatte. Allein die straffe und geschickte Politik eines Robert Morris, seit Anfang 1781 für die Kriegsfinanzen der Vereinigten Staaten zuständig, sowie rechtzeitig eintreffende neue Anleihen aus Frankreich und schließlich auch aus den Niederlanden, die inzwischen ebenfalls in den Krieg gegen Großbritannien hineingezogen worden waren, retteten die Amerikaner vor dem finanziellen Debakel.

Unterdessen war der Krieg in seine entscheidende Phase getreten. Aufgrund des amerikanischen Vorgehens war in den Südstaaten die britische Position unter Lord Charles Cornwallis in Bewegung geraten. Dieser hatte schließlich im August 1781 seine 7500 Mann an die Küste Virginias bei Yorktown am Ausgang der Chesapeake Bay verlegt, um mit Hilfe der eigenen Marine in

Reichweite der britischen Verbände in New York zu sein, eine angesichts der Seeherrschaft Englands und der schwachen amerikanischen Verbände in Virginia unter Lafayette und v. Steuben strategisch durchaus vernünftige Entscheidung.

Daß Yorktown dennoch zur Falle für Cornwallis werden sollte, war nicht vorauszusehen. Selbst für die Amerikaner unerwartet, hatte sich der französische Admiral de Grasse entschlossen, mit seiner Flotte die westindischen Gewässer zu verlassen und zur Chesapeake Bay zu segeln. Auf diese Nachricht hin setzten Washington und Rochambeau unverzüglich ihre Truppen, die eigentlich die Briten in New York hatten angreifen sollen, in Richtung Virginia in Marsch: Cornwallis saß gefangen. Zu Land sah er sich einer mehr als doppelt so starken amerikanisch-französischen Streitmacht gegenüber, und an ein Entkommen über See war angesichts der vor der Küste kreuzenden de Grasseschen Flotte nicht zu denken. Die fest eingeplante britische Seeherrschaft war im entscheidenden Augenblick verspielt worden, und die erhofften Verstärkungen aus New York trafen nicht bzw. nicht rechtzeitig ein. Am 19. Oktober 1781 mußte Cornwallis die Kapitulationsurkunde unterzeichnen.

Großbritannien hatte seine zweite große Armee in Amerika verloren; in London machte sich Katastrophenstimmung breit. An eine militärisch sinnvolle Fortführung des Krieges war nicht länger zu denken, entsprechende Anträge auf Einstellung der Feindseligkeiten und auf Aufnahme von Friedensverhandlungen fanden ihre Mehrheiten im britischen Unterhaus, so daß der Regierung unter Lord North schließlich keine andere Wahl als der Rücktritt blieb. Lord Rockingham, einst verantwortlich für die Rücknahme des Stempelgesetzes, bildete die neue Regierung, die am 12. April 1782 in Paris erste Friedensgespräche mit Franklin aufnahm, der seit der diplomatischen Anerkennung durch Frankreich Gesandter seines Landes in der französischen Hauptstadt war.

Franklin zeigte keine sonderliche Eile. Die Amerikaner hatten seit 1779 selber mehrfach Friedensvorstöße unternommen, die aber alle, da sie ausnahmslos von der Unabhängigkeit der einstigen Kolonien ausgingen, von der Londoner Regierung ignoriert worden waren. Wenn nun nach dem englischen Desaster von Yorktown Großbritannien die Initiative ergriff, konnte das die eigene Position nur stärken. So wurden von amerikanischer Seite einige Vorbedingungen gestellt, über deren Erfüllung dann noch bekannt wurde, daß die Niederlande die Vereinigten Staaten diplomatisch anerkannt hatten. Einige Wochen später folgte ein neuerlicher niederländischer Bankkredit sowie im Herbst der Abschluß eines beiderseitigen Handels- und Freundschaftsvertrags. Die Lage war für die englische Diplomatie nicht leichter geworden.

Erst Ende September 1782, nachdem Graf Shelburne die britische Regierung übernommen hatte, begannen in Paris offizielle Friedensverhandlungen, die nach zwei Monaten, am 30. November 1782, mit der Unterzeichnung eines Präliminarfriedens abgeschlossen wurden. In eigenmächtiger Auslegung der Vereinbarungen des amerikanisch-französischen Bündnisses von 1778 hatten die amerikanischen Unterhändler allein und ohne Absprache mit der französischen Regierung verhandelt, wenn auch mit der Maßgabe, daß der Vertrag erst mit dem Abschluß eines französisch-britischen Friedensvertrags wirksam werde.[4]

Wenngleich Franklin seine alte Lieblingsidee der Erwerbung Kanadas nicht durchzusetzen vermochte, konnten die Amerikaner die Aufnahme der Mehrzahl ihrer politischen Forderungen in den Vertrag durchsetzen. So mußte Großbritannien endgültig anerkennen, daß die Vereinigten Staaten »freie, souveräne und unabhängige Staaten« sind, deren Grenzen weit über das Territorium der bestehenden dreizehn Staaten und in teilweiser Abänderung des Quebec Act von 1774 ausgedehnt wurden: Im Norden wurde im wesentlichen die seither bestehende Grenze zu Kanada festgelegt, wobei lediglich der exakte Grenzverlauf im äußersten Nordosten in nachfolgenden Jahren strittig war; im Westen galt die Strommitte des Mississippi als Grenze und im Süden der 31. Breitengrad bzw. die Nordgrenze des von Großbritannien an Spanien abgetretenen Florida.

Die Amerikaner erhielten die Fischereirechte auf der Neufundlandbank und im Golf des St. Lawrence-Stroms, jedoch lediglich die »Freiheit« – was immer das konkret bedeuten mochte –, in den angrenzenden unbewohnten Küstenregionen ihre Fänge zu trocknen und zu bearbeiten. Beide Seiten verpflichteten sich zur Anerkennung bestehender Schulden. Britischem Insistieren folgend, sollte schließlich der amerikanische Kongreß den gesetzgebenden Körperschaften der einzelnen Staaten »nachdrücklich empfehlen«, konfisziertes Loyalisteneigentum an seine vormaligen Besitzer, sofern diese nicht mit der Waffe gegen die Vereinigten Staaten gekämpft hatten, zurückzugeben, eine angesichts der – noch zu behandelnden – weitgehenden innenpolitischen Ohnmacht des Kongresses praktisch folgenlose Bestimmung. Die Entschädigung der Loyalisten blieb deshalb auf lange Zeit eines der ungelösten Folgeprobleme der Amerikanischen Revolution.[5] Anders als im Fall der französischen *Emigrés* erwuchs daraus jedoch keine die amerikanische Innenpolitik gefährdende Sprengkraft, da die Loyalisten in ihrer Mehrheit nicht zurückkehrten und ihre Forderungen vielmehr an die englische Regierung stellten.

Schließlich sollten die Feindseligkeiten zwischen beiden Ländern für immer ruhen und die noch in den Vereinigten Staaten befindlichen Truppen das Land »mit aller angemessenen Geschwindigkeit« verlassen.[6] Nachdem Großbritannien auch mit den übrigen Kriegsgegnern Frieden geschlossen hatte, konnte der anglo-amerikanische Vertrag am 15. April 1783 vom Kongreß ratifiziert werden. Noch einmal haben daraufhin Tausende von Loyalisten den Vereinigten Staaten den Rücken gekehrt. Wenige Wochen später konnten die amerikanischen Truppen demobilisiert und aufgelöst werden; Ende November/Anfang Dezember 1783 verließen die letzten britischen Soldaten über den New Yorker Hafen das Land.

Ungeachtet einer gewissen Verstimmung der französischen Regierung über das Vorgehen der amerikanischen Unterhändler in den Friedensverhandlungen mit Großbritannien hatten die Vereinigten Staaten nach einem recht mühsamen Krieg, in dem sich der Vorteil ihrer Ausgangslage aufgrund falscher Urteile und gravierender logistischer Probleme der Gegenseite sowie nicht zuletzt dank der umfassenden Unterstützung durch europäische Mächte, allen voran Frankreich, recht glücklich auswirkte, letztlich fraglos mehr erreicht, als sie zu Beginn des Krieges zu hoffen wagen konnten. Dennoch haben sie zumindest indirekt einen Preis an Großbritannien gezahlt: Die englische Diplomatie hat durch ihre taktische Großzügigkeit gegenüber den Amerikanern erreicht, daß die amerikanisch-französische Allianz nicht allzu intensiv in der Nachkriegszeit fortbestand und die Vereinigten Staaten sich erst einmal auf sich selber konzentrieren mußten, um ihr gewaltiges neues Staatsgebiet, über dessen Aufteilung bereits die ersten Querelen zwischen den einzelnen Staaten der Union ausgebrochen waren, politisch und administrativ bewältigen zu können.

Zwar hatte Großbritannien den amerikanischen Krieg verloren, doch die Möglichkeiten, den Frieden zu gewinnen, waren bewußt ausgeschöpft worden. Nur zu gut kannte man den amerikanischen Nachholbedarf hinsichtlich der Industrialisierung des Landes und die sich daraus ergebenden Konsequenzen für den zukünftigen Handel. Man tat also gut daran, die Tür so weit wie möglich offenzuhalten. Damit hat London das Seine hinsichtlich der politisch-ökonomischen Nachkriegsorientierung der jungen Republik getan und zugleich dazu beigetragen, daß die globalen Fragen der inneren Ordnung der Vereinigten Staaten, die auch in den Jahren des Unabhängigkeitskrieges nie völlig verstummt waren, erneut in den Vordergrund treten würden.

2. Der Sozialkonflikt als Ausdruck gesellschaftlicher Spannungen

Bereits während der großen Krise in den Beziehungen zwischen Mutterland und Kolonien in den sechziger Jahren des 18. Jahrhunderts waren vereinzelt und durchweg von Angehörigen jener Klassen, deren durch die Entwicklung geschärfte soziopolitische Ordnungsvorstellungen sich im Konflikt mit jenen der etablierten soziökonomischen Elite befanden, Fragen der inneren Ordnung der Kolonien und nachmaligen Staaten aufgeworfen worden. So waren in den z. T. gewalttätigen Auseinandersetzungen um das Stempelgesetz Stimmen laut geworden, daß »jene, die mit Macht und Ansehen ausgestattet sind, um sie zum öffentlichen Wohl einzusetzen, sie gebrauchen, um ihre Brüder zu verletzen und zu unterdrücken«.[7]

Gewalt rief Gegengewalt hervor, nicht nur um königliche Amtsträger zu treffen, sondern in dem einen oder anderen Fall auch, weil ihre Inhaber über Reichtum und Einfluß verfügten. Angeheizt wurden diese Spannungen in den Hafenstädten durch die *Nonimportation*-Beschlüsse des Jahres 1765, die zu einer wachsenden Zahl beschäftigungsloser Seeleute führten. Wenn sie sich Straßenaktionen anschlossen, dann nicht allein der Abwechslung wegen in Zeiten notgedrungener Untätigkeit, sondern häufig auch als Zeichen des aktiven Sozialprotests einer Berufsgruppe, die in den Augen der Bessergestellten zum Bodensatz der Gesellschaft gehörte und in besonderem Maße sozialem Druck bis hin zur beständig drohenden Zwangsrekrutierung durch die britische Marine ausgesetzt war.[8]

Noch war es der Elite in Boston weitgehend gelungen, die in den einzelnen Demonstrationen und Straßenaktionen zum Ausdruck kommenden Anklänge sozialradikalen Unmuts zu steuern und den von einigen Gegnern befürchteten sozialen Umsturz zu vermeiden. Daß der Konflikt mit dem Mutterland jedoch geeignet war, interne soziale Spannungen zu aktivieren, war unübersehbar. Nicht nur in den Städten erhielten Straßenaktionen in jenen Jahren mitunter diese zusätzliche Komponente. Auch wo sich Unmut auf dem Land regte, lag diesem zumeist ein von langer Hand angelegtes soziales Konfliktpotential zugrunde.

Der Konflikt mochte sich entladen wie jener in den Dezembertagen des Jahres 1763, als aufgebrachte Siedler aus der Umgebung von Paxton im westlichen Pennsylvania, die sog. *Paxton Boys*, einen friedlichen Indianerstamm in ihrer Nähe überfielen und notdürftig bewaffnet auf Philadelphia weiterzogen, um für ihre Rechte, einen besseren Schutz gegenüber Indianerüberfällen und für eine angemessene Vertretung der westlichen Siedlungsgebiete und eine politische Berücksichtigung ihrer Interessen zu kämpfen. Der militärische Kampf fand nicht statt, der soziopolitische Protest war jedoch unüberhörbar und blieb langfristig nicht ohne Wirkung.

Einen lang anhaltenden Sozialkonflikt anderer Art erlebte seit dem Frühjahr 1766 das Hudsontal nördlich der Stadt New York. Das gesamte Gebiet befand sich als Folge einstiger holländischer Strukturen in der Hand einiger weniger Besitzer von immensen Latifundien, darunter solchen mit mehreren hunderttausend Hektar Umfang. Die ländliche Sozialstruktur des Staates New York unterschied sich daher erheblich von der der übrigen Kolonien, zumal Neuenglands und des Mittelatlantik, und in Zeiten, als andere auf ihre Rechte pochten, mochten die z. T. aus Neuengland zugewanderten Farmer New Yorks nicht länger einsehen, warum ausgerechnet sie im Gegensatz zu den Farmern Pennsylvanias oder Massachusetts' das von ihnen bewirtschaftete Land nicht selber besitzen durften, sondern jährlich Pacht und Abgaben an einen in Pracht und Luxus lebenden Großgrundbesitzer entrichten sollten, der zudem das Land ständig mit neuen, von ihm abhängigen Pächtern besiedelte, wodurch das Streben nach Eigentum und gesichertem Besitz zusätzlich gefährdet erschien.

Hunderte und Tausende dieser in den Zeitungen bezeichnenderweise in Analogie zu der eher bürgerlichen Gruppierung der Puritanischen Revolution *Levellers* genannten Aufständischen haben in den folgenden Monaten und Jahren oft gewaltsam für ihre Forderungen demonstriert. Ihr Protest zielte dabei zunehmend auf die kolonialen Institutionen ihrer Umgebung als sichtbare Garanten der bestehenden Eigentumsverhältnisse. Friedensrichter und Sheriffs wurden bedroht (»und von Levellers geschlagen, weil sie ihre Amtspflichten versahen«). Mitunter ging man auch wesentlich gewalttätiger gegen sie vor, stellte sie vor sog. »Volksgerichte« und verurteilte sie teils zu körperlicher Züchtigung, teils zu partieller oder vollständiger Zerstörung ihres Eigentums. Ferner wurden Gefängnisse gestürmt, oft niedergerissen, ihre Insassen befreit.

Weitgehend ähnlich verlief in diesen Jahren im Nordosten von New York eine soziopolitische Protestbewegung, die sich zu einem Aufstand ausweitete und die den in weiten Teilen der Kolonialgesellschaft angelegten Sozialkonflikt besonders augenfällig macht. Im Gebiet der *Green Mountains* lagen die sog. *New Hampshire Grants,* die zu einem großen Teil von Neuengland aus besiedelt worden waren, formal zu New York gehörten, aber auch von dem östlich angrenzenden New Hampshire beansprucht wurden. Um 1770 hatten Auseinandersetzungen in der Bevölkerung begonnen, die sich zunächst gegen aus New York stammende Siedler richteten, deren Weiden und Felder zerstört wurden. Die Konflikte um Eigentum und Besitzrechte spitzten sich in den folgenden Jahren immer mehr zu. Was als Streit über Farmland begonnen hatte, geriet zusehends zu einem unverhohlenen Angriff auf die lokale Amtsgewalt der Provinz New York. Ihre Mandatsträger wurden drangsaliert, ihre Amtshandlungen für illegal erklärt, eigene Richter und Gerichte wurden eingesetzt und die New Yorker Behörden schließlich »als Feind ihres Landes und ihrer gemeinsamen Sache« erklärt.[9]

Den *Green Mountain Boys,* wie sie seit Anfang der siebziger Jahre bezeichnet wurden, ging es um mehr als um einige Besitztitel. Was sie in zunehmendem Maße prägte, war der im Zuge der Amerikanischen Revolution sich verbreitende politische Radikalismus, dessen republikanisch-demokratische Grundprinzipien von Massachusetts bis Pennsylvania und darüber hinaus in wachsenden Teilen der städtischen, aber auch der ländlichen Mittel-

und unteren Mittelschichten Anhänger fand. Sie verbanden die Vorstellung von einer weitgehenden Gleichheit der Menschen, von einer möglichst unmittelbaren Mitwirkung des Volkes an der Regierung mit der Ablehnung aller politischen Privilegierung und sozialen Hierarchie. Der zunehmend gewaltsame Konflikt mit den New Yorker Behörden hatte zur Verbreitung dieser Auffassungen unter ihnen beigetragen und über die politische Auseinandersetzung hinaus, die 1777 zur Gründung des von New York unabhängigen Staates Vermont führte (der aber erst 1790 formal von den Vereinigten Staaten und dem Staat New York anerkannt und damit der 14. Staat der Union wurde), jene soziale Komponente zum Tragen gebracht, aufgrund derer Vermont 1777 die radikale Verfassung Pennsylvanias übernahm und die verfassungsrechtlichen Konsequenzen des jahrelangen Sozialkonflikts zog.

Der Sozialkonflikt bei der Entstehung von Vermont ist ein eindrucksvolles Beispiel für die Vielschichtigkeit und Konfliktüberlagerung in der Amerikanischen Revolution. Die gleichen Green Mountain Boys, die immer gewaltsamer gegen die New Yorker Behörden und ihre Mandatsträger aufgrund ihrer divergierenden Ansichten über die Gestaltung der inneren Ordnung vorgingen, kämpften aber in Saratoga Seite an Seite mit ihnen, als die gemeinsame äußere Unabhängigkeit von England erreicht werden sollte.

Ein teilweise ähnlich gelagerter Sozialkonflikt mit allerdings anderem Ausgang spielte sich um 1770 im Hinterland der beiden Karolinas ab. 1768 hatte in Nordkarolina unter der Führung von Hermon Husband der bereits erwähnte Aufstand der sog. Regulatoren begonnen, bei dem ebenfalls Landrechte der Anlaß der Auseinandersetzung waren, in dem jedoch von den Aufständischen schon bald die grundsätzliche Frage nach der inneren Ordnung eines wohl konstituierten Gemeinwesens gestellt worden war. Zeitlich und räumlich isolierter als die *Green Mountain Boys* um die Mitte der siebziger Jahre, mißlang ihnen eine Festigung ihrer Position, während sich im Gegenzug die sozioökonomische Elite der Kolonie 1771 mit der englischen Kolonialgewalt verbündete, um als ihre Antwort auf die Forderung nach innerer Neuordnung den Aufstand blutig niederschlagen zu lassen.

Die Elite hatte ihre Position nicht preisgegeben, ja sie war selber in diesen Jahren der Krise im Einzelfall noch bereit gewesen, sich mit der Kolonialmacht zu verbünden, um die Grundzüge der inneren Ordnung – solange wie möglich – unangetastet zu lassen. Das Taktieren dieser Elite etwa in der bereits angeschnittenen Frage der Volkssouveränität wird damit, selbst wenn wir sie uns nicht als in sich geschlossenen Block vorzustellen haben, um so verständlicher, denn latent war der Sozialkonflikt allgegenwärtig. Das galt sowohl für die Sklavenhaltergesellschaft des Südens mit ihren Hunderttausenden schwarzer Sklaven und ihren deprivierten weißen unteren Mittel- und Unterschichten als auch für den Norden, wo sich eine wachsende Zahl von Siedlern von zureichendem Landbesitz ausgeschlossen sah bzw. wo die sozialen Veränderungen in den Städten zu einer »Verarmung großer Teile der städtischen Bevölkerung« geführt hatten.[10]

Angesichts dieser Situation ist das entscheidende Problem nicht, wann und wo soziale Konflikte im Zuge der Amerikanischen Revolution offen ausbrachen, sondern die Tatsache, daß diese praktisch in der gesamten kolonialen Gesellschaft dieser Jahre latent vorhanden waren und generell von der sozioökonomischen Elite als reale Bedrohung empfunden wurden. Dieses Wissen um die Existenz eines sozialen Drucks von unten, selbst wo kein sozialrevolutionäres Potential erkennbar war und sich dieser allein auf den Aspekt der politischen Partizipation zu beschränken schien, erklärt einen Großteil des politischen Handelns der Elite während der Revolution und die Entschlossenheit, mit der sie bestrebt war, weder auf gesamtkolonialer noch – soweit möglich – auf kolonialer bzw. einzelstaatlicher oder auf lokaler Ebene politisch das »Heft aus der Hand« zu geben.

In Boston – und das gilt angesichts der tonangebenden Rolle der Stadt damit zugleich in erheblichem Maße für Massachusetts und Neuengland überhaupt – ist das der sozioökonomischen Elite nicht zuletzt dank der politischen Geschicklichkeit eines Samuel Adams weitgehend gelungen. Er hat es verstanden, den städtischen Mittel- und unteren Mittelschichten bis hin in Teile der Unterschichten ein Gefühl der Solidarität und der Interessenidentität zu vermitteln, und damit erreicht, daß sich in ihren Reihen, anders als etwa in New York oder Philadelphia, keine eigenständigen politischen Koalitionen bildeten, die ihre eigenen Ziele notfalls auch gegen die Interessen der Elite verfolgten. Der Preis, den Samuel Adams und mit ihm die lokale Elite dafür zahlen mußte, war eine spürbare politische Radikalisierung der Politik dieser Elite seit dem Sommer 1765, was in ihren Reihen keineswegs unumstritten war und zu gravierenden inneren Konflikten führte[11], gleichzeitig jedoch bewirkte, daß die im August 1765 aufflackernden Ansätze eines inneren Sozialkonflikts bis zur noch zu behandelnden sog. *Shays's Rebellion* über zwanzig Jahre lang praktisch folgenlos blieben. Erst dadurch wurde jenes scheinbare Paradoxon möglich, daß die Amerikanische Revolution in Massachusetts nach außen hin erheblich entschlossener und ungestümer als in anderen Teilen des Landes erschien, während sie zugleich im Innern sehr viel verhaltener und konfliktärmer als etwa in New York oder Philadelphia ablief.

In New York und anderen Städten der Provinz war 1774 das gelungen, was Samuel Adams in Boston zumindest indirekt hatte verhindern können: die Bildung von sog. Handwerkerkomitees *(Committees of Mechanics)*. Diese Komitees waren zur Durchsetzung bestimmter politischer Interessen bewußt gegen die sozioökonomische Elite gegründet worden, und ihre soziale Basis bildeten die städtischen Mittel- und unteren Mittelschichten, hauptsächlich kleinere Kaufleute und Ladenbesitzer, die ganze Skala des städtischen Handwerks vom Bäcker über Schmied und Zimmermann bis zum Hutmacher und Schiffskapitän sowie mittlere Angehörige anderer, meist selbständiger Berufe, darunter insbesondere jüngere Rechtsanwälte. Indem sie sich dank ihrer zahlenmäßigen Stärke in der revolutionären Umbruchphase 1774/76 auf lokaler Ebene durchzusetzen vermochten, brachten sie in großem Maße regelrechte *Hommes nouveaux* in die städtische Politik, so daß nicht ohne Grund festgestellt worden ist: »Die Komitees wurden zur breitesten Basis repräsentativer Regierung, die die New Yorker je gekannt hatten.«[12]

Diese Komiteemitglieder besetzten in New York schließlich die Wahlämter der Stadt bis zur Ebene des Stadtrats und konnten daher zumindest vorübergehend die Politik der Stadt bestimmen und ihre Vorstellungen von einer Ausweitung der politischen Partizipation und Repräsentation durchsetzen, die in deutlichem Widerspruch zur restriktiveren Haltung der lokalen Eliten standen. Daß sich daraus, anders als in Philadelphia, kein langfristiger politischer Erfolg für die Komitees ergab, lag nicht allein an der ethnischen und religiösen Heterogenität der Komiteemitglieder, sondern insbesondere daran, daß die Stadt New York seit September 1776 von britischen Truppen besetzt war, wodurch der revolutionären Aktivität der Komitees zwangsweise ein Ende bereitet war.

Der Sozialkonflikt innerhalb des städtischen Amerika und seine Bedeutung für die Revolution wird am deutlichsten in den Jahren zwischen 1774 und 1776 in Philadelphia. Wie in New York hatte sich auch hier die Komiteebewegung durchgesetzt, wobei Charles Thomson eine der treibenden Kräfte war. Wenn man ihn später gerne den »Samuel Adams von Philadelphia« nannte, ist das insofern irreführend, als Thomson kein Mitglied der lokalen Elite, sondern ein kleiner Kaufmann mit einem Jahressteuersatz von ganzen 12 £ (1774) war, während etwa der Jahressteuersatz von John Dickinson, einem führenden Mitglied der lokalen wie nationalen revolutionären Elite, 1774 710 £ betrug.[13]

Nicht zuletzt dank des Vorgehens von Thomson radikalisierte sich das Komitee in diesen Jahren zusehends, sowohl was seine Zusammensetzung als auch die von ihm verfolgte Politik betraf. So wurden wohlhabendere Mitglieder zunehmend aus den Komitees gedrängt und durch Angehörige der Mittel- und unteren Mittelschichten ersetzt. Auf diese Weise gelangten nicht nur wie in New York jene Hommes nouveaux in die revolutionäre Politik Philadelphias, sondern mit der Entmachtung der bislang auf lokaler wie kolonialer Ebene tonangebenden sog. *Proprietary Gentry,* jener »men of the first rank«, zugleich Angehörige ethnischer Gruppen, darunter Deutsche, Iren und Schotten, die, obwohl insgesamt die Mehrheit der Bevölkerung Pennsylvanias ausmachend, in der Vergangenheit über keinen signifikanten politischen Einfluß verfügt hatten.

Der Sozialkonflikt in Philadelphia wurde in den Jahren 1774 bis 1776 nicht nur in der gesellschaftlichen Umverteilung politischer Macht deutlich, ein Vorgang, der für sich allein bereits die revolutionäre Elite in allen Kolonien alarmierte und mit dazu beigetragen haben dürfte, daß diese Elite zur Festigung ihrer vereinzelt bereits bedrängten Position im Frühjahr 1775 so bereitwillig in den Krieg gegen das Mutterland eintrat, selbst wenn sie damit nicht das Ziel der politischen Unabhängigkeit verfolgte; sondern er manifestierte sich auch in den damit zum Ausdruck gebrachten politischen Grundprinzipien. Diese hatten wie in New York eine Demokratisierung des politischen Lebens unter Ausweitung der politischen Partizipation und Repräsentation zur Folge. Anders als in New York blieben sie jedoch kein zeitlich und räumlich isolierter Vorgang, sondern wurden zur Grundlage der noch zu behandelnden Verfassung von Pennsylvania von 1776, deren radikaldemokratischer Charakter inner- wie außerhalb des Staates von den Angehörigen der sozioökonomischen Elite durchweg schärfstens verurteilt wurde und die lediglich in Vermont, wo der innere Sozialkonflikt ähnlich tiefgreifende Wirkungen hatte, Nachahmung fand.

Es ist kennzeichnend für die sozioökonomische Elite der einzelnen Kolonien und nachmaligen Staaten, daß sie es aufgrund ihrer Position und insbesondere ihrer langjährigen politischen Erfahrung in zahlreichen Fällen verstand, einen drohenden Sozialkonflikt abzuwenden und ihre eigene Stellung auch in den Jahren der Krise und des Konflikts zu konsolidieren. Das galt nicht nur für Boston und Massachusetts, sondern auch für zahlreiche andere Gebiete, darunter insbesondere den kaum städtische Bevölkerung aufweisenden Süden. Nach dem Regulatorenaufstand kam es hier weder zu weiteren nennenswerten Sozialkonflikten noch etwa zu Sklavenaufständen. Vielmehr liefen Tausende von Sklaven während des Krieges zu den in Reichweite befindlichen britischen Truppen über, um dadurch die von diesen zugesicherte persönliche Freiheit zu erlangen. Damit ergaben sich zwar hier für viele grundlegende soziale Veränderungen durch die Folgen der Revolution, an der dominierenden Position der sozioökonomischen Elite dieser Gebiete hat die Revolution jedoch nichts geändert.[14]

Wohl haben sich hier, wie in den anderen Kolonien und späteren Staaten, keineswegs die sozioökonomische Elite und die Mittel- und Unterklassen vollständig der Revolution geöffnet. Vielmehr verhielten sich neben der Masse der neutral gebliebenen Bevölkerung viele gegenüber der Revolution ablehnend, ohne daß diese Haltung ausschließlich nach sozialer Zugehörigkeit bestimmt werden kann. Jedoch haben zahlreiche Angehörige der Elite die sich abzeichnenden oder befürchteten inneren Veränderungen in Richtung auf eine Demokratisierung des politischen Lebens verworfen und angesichts dieser in ihren Augen anarchischen Tendenzen die Revolution abgelehnt. Andere sahen sich angesichts ihrer Loyalität gegenüber dem englischen König außerstande, den Schritt in die Unabhängigkeit mitzuvollziehen. Wiederum andere bestimmten im Rahmen des umfassenderen Sozialkonflikts nach Maßgabe der Position ihrer Gegner ihre eigene Haltung, so etwa die Regulatoren, von denen viele nur an der Seite der Briten Besserung erwarteten. Schließlich gab es einige Familien, die zur Macht drängten und den Weg versperrt fanden oder die im Zuge der Ereignisse um Macht und Einfluß gebracht worden waren. All dies mochte die eigene Einstellung zur Revolution beeinflussen und dazu führen, daß sie im Lager der Revolutionsgegner, der Loyalisten oder auch *Tories,* endeten.

Im Unterschied zu den nachmaligen Emigrés der Französischen Revolution verkörperten diese Loyalisten aber nicht das Sprachrohr einer in dieser Form gar nicht existenten Konterrevolution. Gewiß nahmen zwischen einem Sechstel und einem Drittel von ihnen auf Seiten der Briten aktiv am Kampf gegen die Revolution teil. Jedoch weitere 50 000 bis 100 000 verließen das Land oder wurden von den Anhängern der Revolution vertrieben und zogen sich nach Nova Scotia, Kanada oder England zurück, von wo sie in der Mehrzahl nach Abschluß des Krieges nicht wieder zurückkehrten. Taten sie es dennoch, dann weil sie ihren Frieden mit der Revolution geschlossen hatten und nicht, um die Vereinigten Staaten von innen zu bekämpfen.

Sind so gesehen die amerikanischen Loyalisten nicht mit den französischen Emigrés vergleichbar, darf nicht übersehen werden, daß der Anteil der Loyalisten jenen der Emigrés, bezogen auf die jeweilige Gesamtbevölkerung der beiden Länder, deutlich überstieg und daß das konfiszierte Loyalisteneigentum von beträchtlichem Umfang war.[15] Wenn im Laufe von acht Jahren zwischen 2 und 5 % der Gesamtbevölkerung aufgrund einer Revolution das Land freiwillig verlassen oder unter Bedrohung ihres Lebens von Haus und Hof vertrieben werden, ist der die Gesellschaft durchziehende Sozialkonflikt – auch wenn er aufgrund der völlig andersartigen gesellschaftlichen Strukturen und Traditionen in der Regel ohne die Eruptivität, die Systematisierung der Gewalt und die, wie Michel Vovelle es genannt hat, »Dialektik von Verdächtigung und Brüderlichkeit«[16] der Französischen Revolution verlief – als ein die Revolution kennzeichnender Vorgang nicht länger in Frage zu stellen. Hier ging es um mehr als um einige wenige königliche Beamte oder um den politischen Machtkampf der »Outs« gegen die »Ins«. Hier stand die Legitimation von Herrschaft mit ihren soziopolitischen Konsequenzen, welche die gesamte Gesellschaft betrafen, zur Diskussion und forderte zur Stellungnahme heraus, und für die Mehrzahl der Loyalisten war es keine Frage, daß »eine bestehende Regierung durch Volksaufstände und Unruhen zu stören oder zu bedrohen, schon immer ... in allen Zeitaltern und Staaten der Welt als unverzeihliches Verbrechen galt ... Denn, wenn einer das Recht hat, das Gesetz der ... Gesellschaft zu mißachten ..., haben alle das gleiche Recht, und das ist das Ende jeder Regierung.«[17]

Dieser Konflikt durchzog die Amerikanische Revolution, und er spielte sich ebenso zwischen Anhängern und Gegnern der Revolution wie zwischen unterschiedlichen, primär nach sozialer Zugehörigkeit bezogenen Fraktionen unter ihren Anhängern ab. Einen letzten großen Sozialkonflikt dieser Ära, in dem sozial unterschiedliche Anhänger der Amerikanischen Revolution um eben diese Legitimation revolutionärer Herrschaft rangen, stellt die sog. *Shays's Rebellion* von 1786/87 in Neuengland dar.

Als es den verschuldeten Farmern Neuenglands, zumal des westlichen und mittleren Massachusetts, nicht gelang, eine grundlegende Änderung der Finanz- und Wirtschaftspolitik ihrer Staaten herbeizuführen, griffen sie unter Führung des verarmten Farmers Daniel Shays zur Gewalt. Sie waren überzeugt, daß die staatliche Politik einseitig den Interessen der sozioökonomischen Elite der Küstenstädte diente, deren Ziel es sei, »uns zu versklaven und zu unterdrücken«. Gegen dieses »aristokratische Prinzip« erhoben sie sich in der Überzeugung, daß »dieses Land rascher blühen würde, wenn es in ihm weniger weiße Hemden und mehr schwarze Kittel« geben würde. Daher sollten die Kaufleute gezwungen werden, »ihre Geschäfte zu schließen und ihren Lebensunterhalt dadurch zu verdienen, daß sie dem Pflug folgen«.[18]

Wie seinerzeit im Fall der Regulatoren antwortete die Elite mit militärischer Gewalt: Im Februar 1787 wurde der Aufstand niedergeschlagen, sehr zur Beruhigung all jener inner- wie außerhalb Neuenglands, die für eine nachdrückliche Stärkung der staatlichen Gewalt eintraten, um ähnliche Unruhen in Zukunft zu verhindern. Die Elite hatte damit, wie schon in den sechziger Jahren gegenüber den Paxton Boys und in Boston sowie zu Beginn der siebziger Jahre im Fall der Regulatoren, bewiesen, daß sie handlungsfähig war. Dennoch hatte sie auf lokaler und einzelstaatlicher Ebene in den Jahren der Revolution in einer Reihe von Fällen durch den Sozialkonflikt einen erheblichen Machtverlust hinnehmen müssen und in anderen Situationen diesen nur durch eine sichtbare Kompromißbereitschaft abwenden können.

Daher muß die Antwort auf Carl Beckers einst für New York aufgestellte These, die Amerikanische Revolution sei auch ein Kampf darum gewesen, »who should rule at home«[19], auf das Gesamtphänomen »Amerikanische Revolution« bezogen, sehr viel differenzierter ausfallen. Dank der verbreiteten Perzeption des Sozialkonflikts durch die Elite konnte diese sein offenes Ausbrechen zwar häufig verhindern, aber die langfristigen Auswirkungen auf das soziale Gefüge der Staaten wie auch auf Mentalität und Lebensgewohnheiten der Bevölkerung sind, obwohl wir darüber bislang noch viel zu wenig wissen[20], fraglos ebenso vorhanden wie im sehr viel stärker untersuchten Bereich des Verfassungskonflikts. Dabei ist jedoch in der Vergangenheit nur zu häufig übersehen worden, daß die unterschiedlich starken Tendenzen zur Demokratisierung des politischen Lebens in den einzelnen Staaten – über den formalen Verfassungsaspekt hinausgehend – die Problematik der innergesellschaftlichen Auseinandersetzungen, der sozialen Machtstrukturen und der Rolle der sozioökonomischen Elite unmittelbar widerspiegeln.

3. Der Verfassungskonflikt um die Prinzipien der innenpolitischen Neuordnung

Schon zu Beginn der Krise in den Beziehungen zwischen Mutterland und Kolonien war seitens der Führer des Widerstandes gegen die veränderte englische Politik und ihre gesetzgeberischen Maßnahmen das Problem der Verfassung aufgeworfen worden. Das mag zunächst verwundern, weil weder die Kolonien noch Großbritannien zu diesem Zeitpunkt eine geschriebene Verfassung in einem modernen Sinne besaßen. Dennoch war, nicht erst im 17. und 18. Jahrhundert, die politische Diskussion in England über Macht und Herrschaft immer auch eine Diskussion über die Rechte und Freiheiten des Engländers gewesen. Die Opposition gegen einen ungebührlichen Machtanspruch von König und Parlament war stets mit dem Rechtsanspruch des Bürgers vorgetragen worden: Recht und Gesetz – und das war nicht nur für James Harrington ein zentrales Thema gewesen – standen über den Menschen. Nur Herrschaft gemäß Recht und Gesetz war legitime Herrschaft, und der *Corpus* des *Common Law*, das als in der *Magna Charta* verankert galt, wurde als Garant von Recht und Freiheit verstanden.

Wenn allein Recht Legitimität verleihen konnte, war die entscheidende Frage, woher das geltende Recht selber seine Legitimität bezog. Edward Coke, jener herausragende englische Jurist des beginnenden 17. Jahrhunderts, hatte das Common Law in den Rang einer modernen Verfassung erhoben und über die Beschlüsse des englischen Parlaments gestellt. Obgleich Cokes Ansicht in der Folgezeit sehr umstritten blieb, hatte er damit erstmals jene folgenreiche Unterscheidung zwischen normalem und höherrangigem Recht getroffen, wobei im Konfliktfall das erste ipso facto dem zweiten weichen müsse.

Es mußte mithin so etwas wie allgemeingültige Grundsätze, *First Principles*, geben, auf die sich das ungeschriebene Gewohnheitsrecht ebenso wie das vom Parlament gesetzte Statutenrecht jederzeit zurückführen ließ, wollte es den Nachweis seiner Rechtmäßigkeit nicht schuldig bleiben.

Dies jedenfalls war 1765 in der Stempelgesetzkrise die Auffassung der Wortführer der amerikanischen Opposition, mit der sie das Stempelgesetz des britischen Parlaments als gegen Recht und Verfassung verstoßend verwarfen. »Die gewöhnlichen Rechte eines Engländers, die in der Magna Charta niedergelegt sind, und die Petition der Rechte rechtfertigen diese Interpretation«, hatte Franklin im Februar 1766 dazu in einer Befragung vor dem Unterhaus in London erklärt.[21] Diese Rechte des freien Engländers sahen die Kolonisten durch die *Charters,* jene vormodernen verfassungsähnlichen Rechtsgrundlagen ihrer Kolonien, garantiert, aus denen nach ihrer Überzeugung folgte, daß Parlamentsgesetze zur Besteuerung der Kolonien »verfassungswidrig« seien.

Die Krise der folgenden Jahre erhielt ihre besondere Note nicht etwa dadurch, daß keine Einigkeit darüber hätte erzielt werden können, wer rechtsverbindlich die Verfassungswidrigkeit oder Verfassungsgemäßheit der britischen Parlamentsbeschlüsse hätte feststellen können. Vielmehr, und darüber war sich die aufständische Elite in den Kolonien vollends klar, befand sie sich mit ihrer Interpretation auf schlüpfrigem Boden. Wie schon erwähnt, hatte Blackstone 1765 im Widerspruch zu Coke autoritativ festgestellt, daß die Souveränität des britischen Parlaments unbegrenzt sei; mithin konnte es so etwas wie ein verfassungswidriges Gesetz und damit Verfassungswidrigkeit selber gar nicht geben. Zum anderen nahmen im Kreise der Mittel- und unteren Mittelschichten die Stimmen zu, die jede Diskussion um die Frage der Souveränität des englischen Parlaments ablehnten, weil nach ihrer Überzeugung allein das Volk souverän sei.

Zwischen den sich wechselseitig ausschließenden Souveränitätsansprüchen des britischen Parlaments einerseits, des kolonialen Volks andrerseits drohte die sozioökonomische Elite mit ihrem Verfassungsargument unterzugehen, obwohl dieses doch gerade zur Herrschaftsstabilisierung in ihrem Sinne dienen sollte. Die Elite hat daher in der Folge nichts unversucht gelassen, den Gedanken der Verfassung als höherrangiges Recht, basierend auf First Principles, zu betonen und sich dabei zugleich zaghaft und begrenzt den Vorstellungen der Volkssouveränität geöffnet, um nicht von der Entwicklung überrollt zu werden, sondern ihre generelle politische Argumentation mehrheitsfähig zu machen, zumal nach Lage der Dinge die Frage der Parlamentssouveränität nicht diskutierfähig war.

Zur Sicherung ihres Führungsanspruchs sah sich die Elite mithin gezwungen, an der Dialektik von Verfassung und Verfassungswidrigkeit festzuhalten, und sie hat daher immer wieder betont, der Konflikt mit Großbritannien sei letztlich nichts anderes als ein Verfassungskonflikt, in dem es allein um die unterschiedliche Interpretation der Rechte des freien Engländers gehe. Diese Deutung der Ereignisse, die sich heute immer noch in zahlreichen Darstellungen widerspiegelt, war eindeutig politisch motiviert und sollte ebenso wie der Unabhängigkeitskrieg die inneren Gegensätze und den Sozialkonflikt in den Hintergrund drängen. Die gesamte Bevölkerung sollte zusammenstehen in der Festigung der Rechte freier Bürger – bei weitgehender Wahrung der internen soziopolitischen Ordnung. Als die britische Kolonialverwaltung als Folge der Ereignisse 1775/76 zusammengebrochen war, rief daher die Elite nach Verfassungskonventen statt nach Notstandsregierungen, denn: »Der erste Schritt, der vom Volk in einem derartigen Zustand zum Genuß und zur Wiederherstellung bürgerlicher Regierung unternommen werden muß, ist die Errichtung einer grundlegenden Verfassung als Basis und Fundament der Gesetzgebung.«[22]

Die Elite beabsichtigte, den Handlungen des Gesetzgebers eine verbindliche Richtschnur an die Hand zu geben, die sicherstellen sollte, daß eine politische Mehrheit nicht tun konnte, was immer sie wollte. Eine derartige Öffnung des politischen Prozesses zur ungehinderten Mehrheitsherrschaft hätte der soziopolitischen

Dominanz der Elite rasch ein Ende bereiten können. Um das zu verhindern, modifizierte sie die traditionelle Tyrannislehre in ihrem Sinn: Die aus der Gegenwart zu gewinnende Erkenntnis konnte nicht heißen, daß die Freiheiten der Amerikaner durch einen tyrannischen König bedroht seien, sondern in Weiterentwicklung der Auffassungen Blackstones allein durch ein in seiner Souveränität unbegrenztes Parlament. Die Freiheit des einzelnen könne nur dann als wirksam gesichert angesehen werden, wenn, statt die Macht der Exekutive spürbar zu beschneiden, die Herrschaft der Parlamentsmehrheit wirkungsvoll begrenzt und strikten Regeln unterworfen werde.

Dieses Konzept des sog. *Limited Government* – einer Regierung, die nicht tun kann, was immer ihr in den Sinn kommt, weil die Legislative nicht jedes beliebige Gesetz beschließen darf – war selbst in den Reihen der Elite nicht unumstritten, um so weniger bei Angehörigen der übrigen Schichten, da es eindeutig gegen die dort kursierende Vorstellung der uneingeschränkten Volkssouveränität gerichtet war, die dann die theoretische Basis der Jakobinerherrschaft in der Französischen Revolution darstellte. In der Amerikanischen Revolution hat sich auf der nationalen Ebene angesichts der Stellung der revolutionären Elite dieses Konzept der uneingeschränkten Volkssouveränität zwar nicht durchsetzen können, wohl aber in zwei Einzelstaatsverfassungen der Zeit.

Es ist bezeichnend, daß einer dieser beiden Staaten Pennsylvania mit seinem relativ starken Anteil aufstrebender städtischer Mittel- und unterer Mittelschichten war. Der Sozialkonflikt in Philadelphia hatte bewirkt, daß hier eine Verfassung geschaffen wurde, die nicht nur als die radikalste in der Zeit der Amerikanischen Revolution gilt, sondern die man auch zu Recht als Vorgänger der Jakobinischen Verfassung von 1793 bezeichnen kann. Nicht nur wurde durch sie allen männlichen Steuerzahlern und ihren erwachsenen Söhnen das aktive wie passive Wahlrecht übertragen, sondern auch die Errichtung einer Zweiten Kammer zur Vertretung von Eigentum und Ansehen abgelehnt. Die Verfassung basierte auf dem Prinzip der Rotation, Gesetze wurden unter der direkten Mitwirkung des Volkes bis hin zur Vergabe eines imperativen Mandats beschlossen. Die Verfassung stand nicht über dem Volk, sondern wurde unter seiner Mitwirkung in regelmäßigen Abständen überprüft und gegebenenfalls ergänzt oder geändert.

Hier war das so oft postulierte Prinzip der Volkssouveränität verwirklicht worden, und im Gegensatz zur Jakobinischen Verfassung hat die Verfassung von Pennsylvania von 1776, die in Europa, insbesondere in Frankreich, seinerzeit große Aufmerksamkeit gefunden hat, vierzehn Jahre lang Bestand gehabt. In noch einem zweiten Fall ist dieses Prinzip Praxis geworden: 1777 nicht zufällig gerade in jenem Vermont, daß unmittelbar zuvor Jahre eines tiefgreifenden ländlichen Sozialkonflikts erlebt hatte.

In beiden Fällen hat der revolutionäre Republikanismus seinen weitestgehenden Erfolg erzielt und seine ausgeprägteste verfassungsrechtliche Gestalt angenommen. Doch die, die hinter diesen Verfassungen standen, gehörten durchweg nicht zu jener auf nationaler Ebene den Gang der Revolution prägenden revolutionären Elite. Sie waren letztlich das Werk einer die Ideale der Revolution auf ihre Weise deutenden städtischen wie ländlichen Mittel- und unteren Mittelschicht, deren Vorstellungen von politischer Partizipation und Repräsentation und von einer weitestgehenden Demokratisierung des soziopolitischen Lebens im Widerspruch zu den Auffassungen der revolutionären Elite standen.

In den Reihen dieser Elite ist die Verfassung von Pennsylvania nicht von ungefähr auf scharfe Ablehnung gestoßen. Sie galt als eklatante Verletzung des von ihr propagierten Prinzips des Limited Government, mit dem nicht nur Menschenrechte deklariert wurden, sondern mit dem auch die Mitwirkungsmöglichkeiten des Volkes, z. T. selbst bei Fragen der Verfassungsänderung oder -ergänzung, spürbar zurückgedrängt waren. In der berühmten Menschenrechtserklärung von Virginia, der *Virginia Bill of Rights* vom 12. Juni 1776, hatte es noch geheißen: »Daß alle Macht dem Volk übertragen und daher von ihm hergeleitet ist; daß Beamte seine Treuhänder und Diener und ihm immer untergeordnet sind.« Das war zunächst jedoch kaum mehr als revolutionäre Rhetorik, die sich an ihrem eigenen Pathos begeisterte.

Mit der schon bald eintretenden Ernüchterung haben nur wenige andere Staaten diese oder gleichbedeutende Aussagen in ihren jeweiligen Katalog der Menschenrechte übernommen, sofern sie überhaupt über einen verfügten; in Südkarolina etwa weist erstmals die Verfassung von 1868 eine »Erklärung der Rechte« auf. Die entscheidenden, die Volkssouveränität praktisch verankernden Worte waren dabei »vested *in*«; mitunter gebrauchte man auch »resided in«, »is seated in« oder ähnliche Formulierungen – Pennsylvania war 1776 noch einen Schritt weiter gegangen und hatte an die Stelle von »vested in« »originally inherent in« (»von Ursprung an innewohnend«) gesetzt. Schon bald trat jedoch an die Stelle von »vested in« der Ausdruck »originates *from*«, rechtmäßige Regierung »entsteht durch« das Volk (so der Wortlaut der Verfassung von Maryland vom 14. August 1776). 1784 in der Verfassung von New Hampshire hieß es dann nur noch: »Jede rechtmäßige Regierung entsteht durch das Volk, ist begründet durch Konsens und für das allgemeine Wohl eingerichtet.«[23]

Die Wortwahl war kein Zufall, denn in Wirklichkeit war das zentrale Problem nichts anderes als die Frage nach dem Sitz der Souveränität, die die revolutionäre Elite seit nunmehr zwanzig Jahren beschäftigte, und die sich daraus ergebenden praktischen Konsequenzen. Für Benjamin Rush, eines ihrer namhaften Mitglieder, gab es daher keinen Zweifel, daß in Amerika irrige Vorstellungen von dem Begriff der Souveränität kursierten, »die zu gefährlichsten Konsequenzen führen«. Die Souveränität liege nicht *im* Volk, sondern stamme *vom* Volk, das sie »nur an den Tagen der Wahlen besitzt. Danach ist sie das Eigentum ihrer Herrscher.« Rush war sehr an der Verbreitung dieses Gedankens gelegen, »da er zu Ordnung und guter Regierung führt«.[24]

Fühlt man sich auch bei dieser Formulierung unmittelbar an Rousseau erinnert, so hatte dieser doch gerade damit begründen wollen, daß es sich bei der politischen Freiheit der Engländer in Wirklichkeit um ein Phantom handle, da sie sich jeweils auf einen einzigen Wahltag beschränke. Rush hat hingegen mit seiner Argumentation nicht für die Einschränkung der Freiheit, sondern für ihre Sicherung im Sinn der Interessen der Elite plädieren wollen. Der Verfassungskonflikt innerhalb der amerikanischen Staaten verlief daher genau zwischen diesen beiden Polen: Sicherung der Freiheit durch Verwirklichung des Konzepts des *Limited Government* – dies bedeutete weitgehende Sicherung des politischen Führungsanspruchs der sozioökonomischen Elite – oder Umsetzung des Prinzips der uneingeschränkten Volkssouveränität (wie in Pennsylvania und Vermont geschehen) und damit soziale Ausweitung der politischen Mitwirkung und weitestgehende Demokratisierung der politischen Institutionen.

Diese unterschiedlichen Konzeptionen einschließlich der Abstufung je nach Maßgabe erforderlicher politischer Kompromisse schlugen sich in den verschiedenen einzelstaatlichen Verfassungen in einer ganzen Fülle von Bereichen nieder, so bei der Konstitutionalisierung der Menschenrechte, in der Konstituierung der durchweg strikt voneinander getrennten drei staatlichen Gewalten, in den Modalitäten des Gesetzgebungsprozesses und von Wahlen und schließlich im erstmals schriftlich fixierten Problem der Änderung oder Ergänzung der Verfassung. In den meisten dieser Problembereiche beschritten die Amerikaner, zumindest was die praktische Umsetzung betraf, Neuland.

Die Elite konnte in ihnen häufig ihre Vorstellungen von einer starken Exekutive und einem gewichtigen Senat als Vertretung des Eigentums und von indirekten Wahlen durchsetzen. Innere Auseinandersetzungen konnten aber auch Konzessionen erforderlich machen, z. T. auch in anderen Bereichen, etwa in der Herabsetzung der Eigentumsqualifikation für das aktive wie passive Wahlrecht, wenngleich die pennsylvanische Verfassung in diesem Punkt ebenfalls die weitestgehende Lösung vorsah und in den übrigen Staaten Änderungen gegenüber der Praxis der Kolonialzeit in der Regel eher graduell waren. So kam es in einigen Staaten zu einer deutlichen Demokratisierung von Exekutive und Legislative. Gewiß stammten die neuen, republikanischen Gouverneure und Senatoren meist aus den wohlhabenderen Schichten des Staates, d. h. aus der sozioökonomischen Elite. Doch immer wieder kamen in der Folge neue Männer hinzu, besonders in den jeweiligen Unterhäusern, je nach politischer Stärke der auf weitergehende Demokratisierung dringenden Schichten in den einzelnen Staaten. Dabei wirkte sich mitunter aus, daß die Elite dem Druck der landeinwärts gelegenen, siedlungsgeschichtlich jüngeren Landesteile nachgeben und ihnen die früher hartnäckig verweigerte angemessene Repräsentation im Staatsparlament zugestehen mußte. In New York, Pennsylvania oder Virginia wurden zudem die Regierungssitze in das Landesinnere verlegt.[25]

Trotz aller Konzessionen hat die Elite in nahezu allen Staaten in den achtziger und nachfolgenden Jahren durchsetzen können, daß der Verfassung der Charakter eines höherrangigen Rechts zukam, das nicht mit den gewöhnlichen Mitteln der Gesetzgebung zu ändern, zu ergänzen oder gar abzuschaffen war, also außerhalb der Reichweite einfacher Mehrheitsherrschaft lag. Nach ihrer Überzeugung folgte das zwangsläufig aus dem Konzept des Limited Government, und sie stellte ihre Antwort auf Blackstone und – wenn man so will – auf die pennsylvanische Verfassung von 1776 dar.

War bisher die Verfassung in ihrer ausgeprägtesten Form ein zweiteiliges Paragraphenwerk – bestehend aus einer Menschenrechtserklärung und einer Festlegung des Aufbaus, der Aufgabenverteilung und Funktionsweise der Regierung – von grundlegendem, konstituierendem Charakter, erhielt sie zunehmend den Charakter eines allen radikaldemokratischen Intentionen entzogenen sakrosankten Dokuments. Hatte es 1777 in der Verfassung von Georgia noch eher als Appell geheißen, es solle keine Gesetze geben, die Geist und Buchstaben der Verfassung zuwiderliefen, wurde in den Verfassungen von Massachusetts von 1780 und New Hampshire von 1784 schon deutlicher formuliert, die Gesetzgebungsbefugnis sei dadurch eingegrenzt, daß keine Gesetze beschlossen werden dürften, die im Widerspruch zur Verfassung ständen. Am deutlichsten formulierte es jedoch die Verfassung von 1792 des neuen Staates Kentucky: »Um Vorsorge gegenüber den hohen Vollmachten, welche delegiert worden sind, zu treffen, erklären wir, daß alles in diesem Artikel von den allgemeinen Vollmachten der Regierung ausgenommen ist und für immer unverletzt bleiben soll; und daß alle Gesetze, die dem entgegenstehen oder der Verfassung widersprechen, nichtig sein sollen.«[26]

Noch prinzipieller konnte man den Willen des Souveräns kaum einschränken und die Bestimmungen einer Verfassung und damit die durch sie geschaffene soziopolitische Ordnung für unangreifbar erklären. Selbst innerhalb der Elite war daher ein derart rigider Verfassungskurs nicht unumstritten, und einige aus ihren Reihen waren mit Thomas Jefferson der Meinung, daß Verfassungen bestenfalls die bestehende Generation binden könnten und folglich regelmäßig überprüft und gegebenenfalls veränderten Situationen angepaßt oder vollständig durch eine neue ersetzt werden müßten – die Verfassung von Pennsylvania schrieb diese Überprüfung in einem regelmäßigen Turnus alle sieben Jahre vor. »Solange die Anhänger unabänderlicher Regierungsverfassungen nicht alle Veränderungen in den Wünschen, Neigungen, Gewohnheiten und der Lebensweise des Volkes verhindern können, wird es ihnen selbst mit allen ihren Erklärungen unabänderlicher Rechte schwerfallen, Veränderungen in der Regierung zu verhindern. Eine papierne Erklärung ist eine sehr schwache Barriere angesichts der Kraft nationaler Gewohnheiten und Neigungen.«[27]

Vor diesem Konflikthintergrund fand in der zweiten Hälfte der achtziger Jahre des 18. Jahrhunderts die Diskussion über die verfassungsrechtliche Zukunft der Vereinigten Staaten auf nationaler Ebene statt. Nach dem Ende des Krieges erwies sich schon bald bei der Beseitigung seiner Folgen und dem Übergang zur politischen Normalität, daß die 1777 beschlossenen und 1781 endgültig in Kraft getretenen *Articles of Confederation* dem durch sie lose konstituierten Staatenbund kaum angemessene politische und finanzielle Mittel an die Hand gaben, um die anstehenden Probleme bewältigen zu können.

Das Kriegsbündnis drohte nicht zu zerbrechen, jedoch blieb der Zusammenschluß formal deutlich hinter den Vorstellungen politischer Ordnung zurück, wie sie sich in den zurückliegenden Jahren bei der Mehrheit der revolutionären Elite herausgebildet hatten. Die Schwerfälligkeit dieses von den einzelnen Staaten geschlossenen »festen Bundes der Freundschaft ... zur gemeinsamen Verteidigung, der Sicherung ihrer Freiheiten und zu ihrem wechselseitigen und allgemeinen Wohlergehen«, in dem jeder Staat über eine Stimme verfügte und Beschlüsse nur mit Zweidrittelmehrheit gefaßt werden konnten, erwies sich in ihren Augen angesichts fehlender Kompetenzen als ungeeignet, mit den ökonomischen und finanziellen Problemen, der Rivalität unter den einzelnen Staaten, aber auch mit der noch keineswegs ganz abgeklungenen demokratisch-revolutionären Unruhe in den übrigen Bevölkerungsschichten – im August 1786 war die *Shays's Rebellion* ausgebrochen – fertig zu werden.

Bestrebungen zur Revision der Articles of Confederation nahmen zu, und Mitte September 1786 wurde auf einer zwischenstaatlichen Konferenz, der *Annapolis Convention*, auf der lediglich fünf Staaten vertreten waren, der auf Alexander Hamilton zurückgehende Beschluß gefaßt, für den kommenden Mai nach Philadelphia einen neuen Konvent mit Repräsentanten aller Staaten einzuladen, um darüber zu beraten, wie die Verfassung der Vereinigten Staaten den Erfordernissen der Zeit angepaßt werden könnte.

Die Einladung fand nur zögernd und verhalten Zustimmung – der Kongreß, die Staatenbundregierung, zeigte sich wenig enthusiastisch. Rhode Island ignorierte die Einladung völlig, die Delegierten von New Hampshire trafen erst mit mehr als zweimonatiger Verspätung in Philadelphia ein, das radikaldemokratische Vermont war erst gar nicht eingeladen worden. Insgesamt berieten von Mai bis September 1787 in Philadelphia 55 Delegierte, nahezu ausschließlich angesehene Rechtsanwälte, Mitglieder der südstaatlichen Pflanzeraristokratie, wohlhabende Kaufleute und andere Angehörige der sozioökonomischen Elite, von denen einige elf Jahre zuvor bereits die Unabhängigkeitserklärung unterzeichnet hatten, andere, darunter James Madison, Hamilton und Gouverneur Morris, damals noch jung waren, andere wiederum die Nachfolge ihres Vaters angetreten hatten. Thomas Jefferson fehlte ebenso wie John Adams; beide weilten als Gesandte der Vereinigten Staaten in Europa.

Die Mitglieder des Verfassungskonvents setzten sich rasch über ihre Vollmachten hinweg: Statt über eine Revision der Articles of Confederation zu beraten, gingen sie unverzüglich an die Ausarbeitung einer neuen, bundesstaatlich konzipierten Verfassung. Bei Fortbestehen der Einzelstaaten sollte eine neuartige Zentralgewalt geschaffen werden, die über die Steuer- und Militärhoheit verfügte. Nach den Prinzipien des Limited Government wurde die Gewaltentrennung verankert in einer starken Exekutive und einer in ihren Handlungsmöglichkeiten begrenzten Legislative, die aus einem proportional zur Bevölkerungszahl der einzelnen Staaten zusammengesetzten Repräsentantenhaus und aus einem Senat bestand, in den jeder Staat, unabhängig von seiner Größe, je zwei Vertreter entsandte. Beide Gewalten beruhten weitgehend auf dem Prinzip der indirekten Wahl, wobei zugleich alle in den Einzelstaaten bestehenden Einschränkungen des Wahlrechts übernommen wurden.

Die Verfassung – mit der Präambel »Wir, das Volk der Vereinigten Staaten, ... setzen für die Vereinigten Staaten von Amerika diese Verfassung fest« – galt als höherrangiges Recht (»the Supreme Law of the Land«), wenngleich sich im Konvent weder eine Mehrheit dafür fand, daß jedes der Verfassung widersprechende Gesetz automatisch nichtig sei, noch dafür, wer einen Verfassungswiderspruch rechtsverbindlich aussprechen konnte. Verfassungsänderungen oder -ergänzungen waren dagegen vorgesehen, konnten jedoch aller postulierten Volkssouveränität zum Trotz ohne direkte Mitwirkung des Volkes vorgenommen werden. Nicht vorgesehen war hingegen eine formale Erklärung der Menschenrechte, wie sie sieben der dreizehn Einzelstaatsverfassungen kannten.

Die Bundesverfassung von 1787, wie sie seither genannt wird, war das Ergebnis von Kompromissen, wie sie sich im Konvent in langwierigen Debatten und Auseinandersetzungen herausgebildet hatten. Mit ihren Bestimmungen über die drei Staatsgewalten, ihre Funktionen und ihre Zuordnung zueinander in einem System der *Checks and Balances* (der Gegengewichte und Ausgewogenheit), der föderalistischen Beziehungen zwischen Einzelstaaten und Bundesgewalt und der Konstituierung der Verfassung selbst ist sie seither von prägendem Einfluß auf den modernen Konstitutionalismus in allen Teilen der Welt geworden.

Das ändert nichts daran, daß sie inner- wie außerhalb des Konvents in ihrer Zeit sehr umstritten war. Nicht nur wurde der Menschenrechtskatalog vermißt, der erst 1791 mit den ersten zehn Zusatzartikeln angehängt wurde, vielen war die Machtfülle der neuen Bundesgewalt zu groß und der demokratische Gehalt der Verfassung zu gering. Bezeichnenderweise wurde zudem in Pennsylvania der Vorwurf erhoben, mit der neuen Verfassung werde eine oligarchische Regierungsform errichtet, in der die politische Macht in den Händen einer kleinen Zahl von Politikern liege, die nicht nur gänzlich unrepräsentativ seien, sondern auch ausschließlich dem »höchsten Rang« der Gesellschaft angehörten. »Die anderen Schichten der Gesellschaft, wie Farmer, Kleinhändler und Handwerker, die alle eine hinreichende Zahl ihrer bestinformierten Leute in der Legislative haben sollten, werden völlig unrepräsentiert sein.«[28]

Andere wiesen auf die Bestimmung über Verfassungsänderungen hin, die einschneidende Konsequenzen nach sich ziehen könne, »ohne jemals das Volk zu befragen. Wir nahmen immer an, gesetzgebende Körperschaften würden zum Zwecke, Gesetze zu machen, gewählt und nicht, um den ursprünglichen Vertrag des Volkes zu verändern.«[29] Schließlich fehlten jene nicht, in deren Augen der neue Bundesstaat und einzelne seiner Organe, allen voran der Oberste Gerichtshof *(Supreme Court)*, zu viel Macht besäßen, was nach ihrer Überzeugung der Freiheit des Volkes und der Souveränität der Einzelstaaten abträglich sei.

Sie alle haben die Verfassung entschieden abgelehnt und dazu beigetragen, daß in den folgenden Monaten eine heftige innenpolitische Kontroverse in den Vereinigten Staaten um Annahme oder Ablehnung der vorgeschlagenen Bundesverfassung ausbrach. Obwohl der Konflikt dabei bis in die Reihen der Elite reichte, vermochten die Anhänger der neuen Verfassung sich nicht nur innerhalb der Elite durchzusetzen, sondern sich auch bei den Ratifizierungen durch die Einzelstaaten unter großem Propagandaaufwand, obwohl z. T. nur knapp, gegen die *Antife-deralists,* welche die Verfassung ablehnten, zu behaupten, wobei die Verfassung in Rhode Island und Nordkarolina in einer ersten Abstimmung verworfen wurde. Noch war der sektionale Konflikt, der ja in erheblichem Maße ein Elitenkonflikt war und zu einem der zentralen Probleme der Vereinigten Staaten im 19. Jahrhundert werden sollte, obwohl bereits angelegt, in dem Kompromiß von 1787 mühsam zugedeckt worden. Die neue Verfassung konnte daher 1789 entsprechend dem Willen der Elite in Kraft treten und in der Folge den rechtlichen Rahmen für die von ihr verfolgte Politik liefern.

4. »The harmony we were famous for«?

Es liegt vermutlich in der Logik jeder größeren soziopolitischen Bewegung, nachdem ihre Ergebnisse einmal unumstößlich geworden sind und als solche allgemein akzeptiert erscheinen, daß in der Retrospektive der Mythos entsteht, seinerzeit wären alle einmütig für eben diese Ziele eingetreten. Dies machte auch – und das war wesentlich für jene, denen an diesem Mythos gelegen war – den Unterschied zur Französischen Revolution aus, wo keine auch noch so große Verklärung jene rückblickende Einmü-tigkeit zu suggerieren vermag. Dennoch ist diese immer wieder so euphemistisch postulierte Harmonie in der Amerikanischen Re-volution nichts weiter als ein zählebiger Mythos. Eine Revolution ohne Konflikt ist schlechterdings nicht denkbar, und wer auf die Revolution als Erklärungsmodell nicht verzichten will, muß, und sei es nur nolens volens, den Konflikt in Kauf nehmen, einen Konflikt, für den die Französische Revolution nicht der Maßstab sein kann, nicht weil die Ziele unterschiedlich gewesen wären, sondern weil die Ausgangslage in wesentlichen Punkten nicht ver-gleichbar ist.

Dennoch bestehen mehr signifikante Analogien, als den Harmo-nie- oder Konsensverfechtern im Hinblick auf die Amerikanische Revolution lieb sein kann. Da ist zunächst das Problem der Elite in der Revolution. Bei näherer Analyse zeigt sich die ganze Bedeutung sozialer Faktoren in der Amerikanischen Revolution, auch wenn sie anders als etwa im England des 19. Jahrhunderts zu gewichten sind. Dennoch wußte man im Amerika des späten 18. Jahrhunderts sehr wohl, wer zu den »besseren«, zu den »mittleren« oder zu den »niedrigeren« Schichten der Bevölkerung zählte, und Zugehörigkeit bedeutete zugleich Abgrenzung, eine soziale Kategorie, die auf beiden Seiten der Grenze verstanden und meist auch respektiert wurde, auch wenn die Praxis Flexibilität zuließ. Die sozioökonomische Elite, jene *Better Sort,* hat daher auch nie einen Zweifel daran gelassen, wem die politische Führung des Landes während wie nach der Revolution zustehe. Washingtons Führungsstellung war ebensowenig ein Zufall wie die Tatsache, daß während der nächsten dreißig Jahre der amerikanische Präsident aus eben dieser Elite kam. Erst mit Andrew Jacksons sog. *Democratic Revolution,* welche die in der amerikanischen Historiographie gerne so bezeichnete *Era of the Common Man* einleitete, hat sich dies, zumindest im Norden und Westen, nachhaltig geändert.

Die Elite war ein konstitutiver Faktor in der Amerikanischen Revolution. Dabei war es von grundlegender Bedeutung, daß sich diese auf gesamtkolonialer bzw. dann nationaler Ebene agierende revolutionäre Elite ebenso wie im frühneuzeitlichen Europa vom Aufstand der Niederlande über die englischen Revolutionen des 17. Jahrhunderts bis zum Pugachev-Aufstand in Rußland aus den Reihen der sozioökonomischen Elite des jeweiligen Landes zusammengesetzt hat.[30] Erst mit der Französischen Revolution im Jahre II, mit dem Aufstand der Commune von 1871, mit der russischen Oktoberrevolution und anderen modernen Revolutionen ist eine neue revolutionäre Elite angetreten, die nicht mehr auf die sozioökonomische Elite des Landes zurückgreift, sondern hauptsächlich von Intellektuellen gebildet wird.

Mit der Veränderung der sozioökonomischen Basis der revolutionären Elite hatte sich auch ihre Grundeinstellung zu den Ordnungsprinzipien von Wirtschaft und Gesellschaft gewandelt, während die alte revolutionäre Elite – und das galt auch für die amerikanische – an einer grundlegenden Umgestaltung von Wirtschaft und Gesellschaft kein Interesse haben konnte. Die politische Frage der Herrschaftsausübung, die offensichtlich soziale und ökonomische Konsequenzen besaß, stand für sie notwendigerweise im Vordergrund. Daher ist auch der »moderne« Revolutionär als Intellektueller ohne Verankerung in der sozioökonomischen Elite in der Amerikanischen Revolution eine Ausnahme geblieben, die noch am ehesten mit dem Namen Thomas Paine verbunden ist, dem es, entsprechend der Logik des Systems, nicht gelungen war, Eingang in die revolutionäre Elite zu finden.

In einer Zeit, in der Kommunikation eine Frage der persönlichen materiellen Möglichkeiten war, mußte, von Einzelfällen abgesehen, der Elite geradezu selbstverständlich ein Kommunikationsmonopol auf nationaler Ebene zufallen, insbesondere wenn der revolutionären Infrastruktur ein Agitationszentrum von nationalem Rang fehlte. Spätestens seit den fünfziger Jahres des 18. Jahrhunderts hatten sich die Kontakte zwischen den Mitgliedern dieser Elite zunehmend verdichtet. Man engagierte sich für teilweise ähnliche Interessen in den verschiedenen kolonialen Assemblies; man traf sich bei überregionalen oder gesamtkolonialen Zusammenkünften, darunter erstmals 1754 in Albany; man verfolgte regional z. T. gleichartige ökonomische und nahezu überall häufig dieselben politischen Ziele; man korrespondierte miteinander, und man rezipierte die gleiche europäische Literatur: ebenso Harrington, Locke und Montesquieu wie das moderne Naturrechtsdenken.

Die Möglichkeiten, rasch miteinander zu kommunizieren und sich über gemeinsam interessierende Fragen zu verständigen, erklären sich zu einem erheblichen Teil aus der Gleichartigkeit des Sozialisationsprozesses der sozioökonomischen Eliten, der im kolonialen Amerika sehr ähnlich wie im frühneuzeitlichen Europa verlief. Zu dieser sich daraus ergebenden konkurrenzlosen materiellen wie intellektuellen Situation der Elite in der Amerikanischen Revolution kam hinzu, daß lediglich ihre Mitglieder über die materiellen Möglichkeiten verfügten, überregional zu agieren; allein in ihren Reihen gab es Persönlichkeiten, deren Namen auch jenseits enger Provinzgrenzen bekannt waren und über politischen Einfluß verfügten.

Die sozioökonomische Elite der Kolonien hat nie einen Zweifel an ihrer Entschlossenheit gelassen, die natürlichen Vorteile ihrer Lage in den Jahren der Krise und des Konflikts voll auszuschöpfen, und sie hat unbeirrt dafür Sorge getragen, daß sie auf nationaler Ebene vom Stamp Act Congress des Jahres 1765 bis zum Verfassungskonvent von 1787 »unter sich« blieb, ein Erfolg, der bereits einen wesentlichen Unterschied zur Französischen Revolution konstituiert. Ihrer Erfahrung und ihrem politischen Geschick war es zuzuschreiben, daß in der Amerikanischen Revolution nicht eintrat, was sich dann 1792 und 1793 in Frankreich vollzog, als es zu einem Auswechseln der revolutionären Elite kam. Hingegen sind in Amerika mit dem offiziellen Schritt zur Unabhängigkeit gewisse Teile aus der revolutionären Elite ausgeschieden – zumal in Pennsylvania –, die nicht bereit waren, diesen Schritt mitzuvollziehen. Bislang wissen wir nicht, wie weit diese Schwächung der revolutionären Elite Pennsylvanias dazu beigetragen hat, daß sich dort radikaldemokratische Kräfte in der Folge auf Staatsebene durchsetzen konnten.

Auf einzelstaatlicher bzw. lokaler Ebene mochten auch anderswo in der revolutionären Umbruchphase nicht zum Kreis der sozioökonomischen Elite gehörende Schichten politischen Einfluß gewinnen, und sicherlich haben sie erreicht, daß langfristig die amerikanische Politik viel von ihrem elitären Charakter einbüßte. In der konkreten Situation der Amerikanischen Revolution kann dies jedoch nicht darüber hinwegtäuschen, daß die verschiedenen Klassen in der amerikanischen Gesellschaft einschließlich der schwarzen Sklaven unterschiedliche Ziele in der Revolution gemäß ihrer jeweils eigenen Interessenlage verfolgten, die sich in gewissen Bereichen durchaus im Konflikt miteinander befanden.

In der Französischen Revolution, in der Puritanischen Revolution und in anderen Revolutionen der Frühen Neuzeit begegnen wir einer durchaus vergleichbaren Vielschichtigkeit des revolutionären Handelns. Auch in ihnen haben neben der Elite weitere Bevölkerungsschichten zu unterschiedlichen Zeitpunkten und mit verschiedenartiger Intensität und unterschiedlichem Erfolg, aber mit durchaus konträren Zielen in den revolutionären Prozeß eingegriffen und für die Durchsetzung ihrer Vorstellungen von legitimer politischer, sozialer und z. T. auch ökonomischer Ordnung gekämpft. Die Amerikanische Revolution macht hier keine Ausnahme.

Angesichts dieser Heterogenität der Ereignisse, die noch dadurch gesteigert wird, daß wir in der Amerikanischen Revolution drei verschiedene Handlungsebenen, die lokale, die einzelstaatliche und die nationale, vorfinden, muß jede Interpretation, die von dem Modell der Harmonie, der Einheitlichkeit und der Einmütigkeit des revolutionären Prozesses ausgeht, als einseitig erscheinen. Sie schränkt am ehesten die Perspektive auf jene ein, die in der Revolution am erfolgreichsten waren, nämlich die sozioökonomische Elite, während darüber hinausgehende oder dazu konträre Ziele von ihr praktisch nicht beachtet werden. Eine derartige Deutung ist nicht nur einseitig, sie ist ebenso ahistorisch wie asoziologisch.

Aus letztlich verblüffend ähnlichen Erwägungen ist ebenfalls die Französische Revolution als politische Einheit oder – von Georges Clemenceau bis Albert Soboul – als »Block« interpretiert worden. Gegen dieses Modell vermeintlicher Konsistenz hat dann François Furet seine These von den drei verschiedenen Revolutionen des Jahres 1789 gesetzt.[31] Daß verschiedene soziale Klassen zu einem erheblichen Maße selbsttätig und ohne Absprache, z. T. auch für keineswegs in allen Punkten identische Ziele in einer revolutionären Situation handelnd auftreten, kann nicht bedeuten, daß wir es in Wirklichkeit mit mehreren verschiedenen, statt mit *einer* Revolution zu tun haben. Das gilt erst recht im Fall der Existenz eines verbindenden Elements, aus dem ihre Handlungen letztlich ihre revolutionäre Legitimation erfahren und das folglich die Voraussetzung für alle weiteren Aktionen bildet.

Für Amerika und die in seiner Revolution auftretenden sozialen Klassen war dieses verbindende Element schließlich das Streben nach Unabhängigkeit von Großbritannien. Diese Forderung führte sie zusammen; praktisch hatte nur sie einen einenden Charakter gehabt, der sich rasch wieder auflöste, als es um die Probleme der Gestaltung der inneren Ordnung ging. In Frankreich war die Situation keineswegs grundlegend anders. Hier ging es um die Überwindung des Ancien Régime, ebenfalls eine Art von Unabhängigkeit von vormaligen politischen Bindungen. Dieses Ziel gab der Revolution politische Durchschlagskraft, und der Konflikt folgte hier ebenfalls unter den Revolutionsverfechtern, als es um Fragen der inneren Ordnung ging. In beiden Fällen bezogen die Revolutionen ihren jeweiligen Handlungsantrieb aus einer Grundforderung, die für sich allein zur Qualifizierung als »Revolution« nicht einmal ausgereicht hätte, die jedoch die unabdingbare Voraussetzung für alle jene Handlungen und Ereignisse bildete, die sich im weiteren Verlauf daraus ergeben haben. So gesehen gibt es daher nur eine Amerikanische Revolution.

Der Konflikt war ein essentieller Teil der Amerikanischen wie der Französischen Revolution. Daß dieser Konflikt in beiden Revolutionen einen so grundlegend andersartigen Verlauf genommen hat, hat zahllose Gründe, die jedoch nahezu ausschließlich jeweils mehr in den Traditionen und Strukturen von Gesellschaft und Politik als im Charakter der beiden Revolutionen selber begründet sind, die sich nicht vordergründig in eine »gute« und eine »schlechte« Revolution teilen lassen.

Nicht nur hat Gewalt und damit auch die öffentliche Zurschaustellung staatlicher Gewalt im französischen Leben des 18. Jahrhunderts eine wesentlich prominentere Rolle als soziale Disziplinierungsmaßnahme gespielt als in den amerikanischen Kolonien dieser Zeit. Daß Gewalt und Gegengewalt in der Amerikanischen Revolution – in der signifikanterweise die Konterrevolution und damit zugleich die französische Dialektik zwischen Krieg und Konterrevolution fehlte – von erheblich anderer Bedeutung als in der Französischen Revolution war, erklärt sich aus eben dieser unterschiedlichen Tradition wie aus der Tatsache, daß die koloniale amerikanische Gesellschaft einerseits über eine erhebliche Palette sozialer Ventilfunktionen verfügte, darunter das Ausweichen in das in Frankreich fehlende Sektenwesen, den Wegzug in andere, meist kaum oder nur gering besiedelte Landesteile und schließlich den meist relativ leichten, durch keine Privilegien erschwerten Erwerb von Landbesitz.

Andrerseits waren die gesellschaftlichen Repressionsmechanismen, die Ausbrüchen von Aggressionen und Gewalt gesetzlich kaum ernsthaft gehemmten Lauf ließen, weitgehend auf zwei festumrissene Bevölkerungsgruppen konzentriert, denen hartnäckig ein Platz in der kolonialen Gesellschaft verweigert wurde: den Indianern und den Schwarzen, die, von wenigen freien Negern abgesehen, unter dem Joch der Sklaverei zu leben hatten. Wer Gewalt in der amerikanischen Gesellschaft sucht oder glaubt, mittels dieses Kriteriums die Amerikanische von der Französischen Revolution grundlegend unterscheiden zu können, wird diesen Faktor nicht übersehen dürfen. Beide Gesellschaften und beide Revolutionen kannten ihre Gewalt, doch hatten sie traditionellerweise und strukturell bedingt unterschiedliche Formen des Ausdrucks und der Praktizierung von Gewalt entwickelt.

Der Konflikt in der Amerikanischen Revolution konnte sich auch deshalb anders entwickeln als in der Französischen Revolution, weil die sozialen Konturen der amerikanischen Gesellschaft weniger scharf und unabänderlich gezeichnet erschienen als im zeitgenössischen Frankreich. Es fehlte an den Hunderttausenden von deprivierten Stadtbewohnern, deren bloße Existenz von einem verunsicherten Kleinbürgertum als Bedrohung empfunden wurde und sich oftmals in unkontrollierbaren Handlungen in der großstädtischen Anonymität entlud. Die größere Überschaubarkeit der amerikanischen Lebenswelt, der als prinzipiell offener empfundene Charakter der amerikanischen Gesellschaft sowie die Praxis der politischen Selbstverwaltung zusammen mit dem großen Erfahrungsschatz der Elite in der Behandlung und Steuerung der soziopolitischen Entwicklung hatten einen unübersehbar mäßigenden Einfluß auf das innergesellschaftliche Konfliktpotential.

Wenn auch alles andere als eine konfliktfreie Gesellschaft, erscheinen die Konflikte in der Amerikanischen Revolution, mit der bemerkenswerten Ausnahme der Indianer- und Sklavereiproblematik, als rational, d. h. hier: sozioökonomisch begründet. Es ging nicht etwa um das Festhalten an überlebten Privilegien, nicht um das emotional gesteuerte Eintreten für die Symbolik und die Identifikationsmerkmale einer tradierten Ordnung, wenngleich die Loyalisten in dieser Frage mit ihrem Eintreten für England und den englischen König eine gewisse Ausnahme darstellen. Als wesentlicher dürfte die zumal in der Elite durchaus verbreitete moderne Konzeption von Gesellschaft als ökonomisch begründetem, sozialem Ordnungsverband zu gelten haben. »Unterschiedliche Interessen existieren notwendigerweise in den verschiedenen Klassen der Staatsbürger«, hatte es in ihren Reihen geheißen.[32] Daher müsse es die Aufgabe jeder modernen Gesetzgebung sein, die unterschiedlichen Interessen untereinander auszugleichen. Nach der Überzeugung der Elite konnte das aber nur in einem Staat geschehen, der gemäß ihren Vorstellungen des Limited Government konstituiert, also letztlich von der Elite dominiert war.

Unter weitgehender Verkennung der geschilderten Zusammenhänge ist in der Vergangenheit wiederholt behauptet worden, die amerikanische Bundesverfassung von 1787 stelle den konservativen Umschwung der Revolution und, wie es dann, die Terminologie beliebter Revolutionstheorien aufgreifend, hieß, den Thermidor der Revolution dar. Die Kritik an der Bundesverfassung von 1787 beruft sich im wesentlichen auf die zeitgenössische Opposition der *Antifederalists* und ist in der wissenschaftlichen Literatur seit siebzig Jahren fest mit dem Namen Charles A. Beards verknüpft.[33] Beard hat die ökonomische Interessenlage der Mitglieder des Bundeskonvents untersucht und dabei wichtige Übereinstimmungen festgestellt, die nach seiner Überzeugung ihren Niederschlag in dem Verfassungstext gefunden haben. Obwohl Beard damit im Prinzip kaum mehr zum Ausdruck gebracht hat, als etliche Konventsmitglieder 1787 selbst geäußert haben, waren seine Aussagen aus der Perspektive des Mythos der amerikanischen Revolution ketzerisch. Zumal in den fünfziger und frühen sechziger Jahren unseres Jahrhunderts ist daher von vielen Seiten heftige Kritik an Beard geübt worden.

Welches aber ist das tatsächliche Problem? Hat es in der Amerikanischen Revolution tatsächlich so etwas wie einen konservativen Umschwung, einen Thermidor gegeben? Die hier gegebene Deutung läßt diesen Schluß kaum zu. Die Bundesverfassung von 1787 ist im Prinzip das Produkt genau derselben revolutionären Elite, die elf Jahre zuvor die Unabhängigkeitserklärung entworfen hatte. Der Charakter beider Dokumente war völlig unterschiedlich; in dem früheren sollte mit revolutionärer Rhetorik die Basis für Zustimmung geschaffen werden, in dem späteren der damit indirekt bekundete Führungsanspruch politisch und verfassungsrechtlich abgesichert werden. Dabei ging es nicht, wie behauptet worden ist, um einen angeblich uneigennützigen, allein durch die Sache bestimmten Pragmatismus[34] – ein ohnehin wenig realistisches Konzept, in dem Methode mit Inhalt gleichgesetzt erscheint –, sondern um die Stabilisierung soziopolitischer Positionen, an deren entscheidenden Grundsätzen sich für die Elite in den zurückliegenden 25 Jahren nichts Wesentliches verändert hatte.

Diese Elite hat sich 1765 genauso reserviert gegenüber dem Gedanken der Volkssouveränität verhalten wie 1787; sie war von der Selbstverständlichkeit, daß es der Better Sort obliege, das Land politisch zu führen, zu Beginn der Krise ebenso überzeugt wie gegen Ende der Jahre des Konflikts. Wenn sich in der Zwischenzeit etwas geändert hatte, war es zumeist von anderen sozialen Kräften in die Realität der Amerikanischen Revolution getragen worden, wobei ihr z. T. erhebliche Kompromisse abgerungen worden waren, sofern sie nicht, meist vorübergehend, ganz an politischem Einfluß verloren hatte. Denn: »Während der Gärung der Revolution war wie in anderen Gärungen der Bodensatz ganz oben.« Doch wie der junge Wein täglich klarer werde, »gelangen Männer mit Bildung und Eigentum in die Positionen, die solche Männer füllen sollten. Das Volk beginnt überzeugt zu sein, daß jene Männer allein geeignet sind zu regieren.«[35] Hier handelte es sich um Vorgänge auf lokaler oder einzelstaatlicher Ebene, die die politische Dominanz der Elite auf nationaler Ebene zwar zu keiner Zeit ernsthaft beeinträchtigten, die aber zugleich hinreichend deutlich werden lassen, was diese Elite tatsächlich meinte, wenn sie rückblickend von der allumfassenden Harmonie als Kennzeichen der Revolution sprach.

Es erscheint mithin erforderlich, die verschiedenen Handlungsebenen ebenso wie die unterschiedlichen, in der Revolution zu verschiedenen Zeiten und mit unterschiedlichem Erfolg agierenden sozialen Kräfte schärfer und sorgfältiger voneinander zu trennen. Dabei zeigt sich, daß die Bundesverfassung von 1787 keineswegs einen konservativen Umschwung, geschweige denn einen Thermidor dokumentiert. Wohl erleben wir in diesen und den folgenden Jahren, daß die auf nationaler Ebene siegreiche Elite nun aktiv die Rückgewinnung des in den Einzelstaaten in den vergangenen Jahren verlorenen Bodens in Angriff nimmt.[36] 1790 endet die Periode der radikaldemokratischen Verfassung in Pennsylvania; auf die gemäßigt konservative Verfassung von Kentucky von 1792 wurde bereits hingewiesen. Weitere Beispiele ließen sich hinzufügen.

Die Mittel- und unteren Mittelschichten, die sich in den Jahren der Krise und des Konflikts auf lokaler und einzelstaatlicher Ebene mitunter so erfolgreich vernehmbar gemacht und eine größere Demokratisierung politischer Institutionen durchgesetzt hatten, haben, wie in der Französischen Revolution, kurzfristige und begrenzte Erfolge nicht in auf Dauer gesicherte Positionen umzuwandeln verstanden. Dazu fehlte es ihnen an politischer Erfahrung und Beständigkeit, aber auch an materiellen wie intellektuellen Ressourcen. So konnte in beiden Revolutionen die Dominanz der Elite fortbestehen, im Norden der Vereinigten Staaten bis zur Ära von Andrew Jackson, im Süden des Landes wie in Frankreich noch ungleich länger.

Wenn Marx die Amerikanische Revolution »die Sturmglocke für die europäische Mittelklasse« genannt hat[37], ist das in fataler Weise unzutreffend: Die Mittel- und unteren Mittelschichten auf beiden Seiten des Atlantik haben es aller revolutionären Euphorie zum Trotz nicht verstanden, ihre politischen und sozialen, in Ansätzen mitunter auch ökonomischen Forderungen im Zuge dieser Revolutionen auf Dauer umzusetzen. Noch war die sozioökonomische Elite die politisch potentere Kraft, die nicht bereit und willens war, den soziopolitischen Forderungen der Mittel- und unteren Mittelschichten allzu rasch und über das unabdingbare Maß des politischen Kompromisses hinaus nachzugeben.

V. Die Bedeutung der Amerikanischen
Revolution

Vor 130 Jahren erklärte Leopold v. Ranke über die Amerikanische Revolution: »Dies war eine größere Revolution, als früher je eine in der Welt gewesen war, es war eine völlige Umkehr des Prinzips. Früher war es der König von Gottes Gnaden, um den sich alles gruppierte, jetzt tauchte die Idee auf, daß die Gewalt von unten aufsteigen müsse.«[1] Es war die Sicht aus Europa, dessen 1848er Revolutionen erneuter Ausdruck dieser modernen Prinzipien gewesen und noch allenthalben in lebendiger Erinnerung waren. Der Versuch, die schon von den europäischen Zeitgenossen erahnte Bedeutung der Amerikanischen Revolution zu benennen, ist jedoch auch Ranke nur unvollkommen gelungen. Nicht nur die Bewohner von Connecticut oder Rhode Island hätten Rankes Argument seinerzeit vermutlich überhaupt nicht verstanden, da sie in der Amerikanischen Revolution, an der viele von ihnen dennoch aktiv teilnahmen, keinen Anlaß sahen, die verfassungsrechtlichen Grundlagen ihrer Staaten zu verändern und sich gleich allen übrigen elf Staaten neue Verfassungen zu geben. Für sie hatte sich an der Legitimierung und Praxis von Herrschaft nichts Grundlegendes geändert.

War mithin die Amerikanische Revolution im Leben der Bevölkerung der vormaligen Kolonien doch nur ein weniger bedeutsames Ereignis, auch wenn Connecticut und Rhode Island nicht für die übrigen Staaten verfassungsrechtlich repräsentativ waren? Die Führer der Amerikanischen Revolution waren naturgemäß sehr viel anderer, doch keineswegs einmütiger Ansicht. So äußerte sich John Adams rückblickend über die Bedeutung der Amerikanischen Revolution: »Die Revolution fand im Herzen des Volkes statt, und diese wurde bewirkt von 1760 bis 1775 im Verlauf von fünfzehn Jahren, bevor ein Tropfen Blut in Lexington vergossen wurde.«[2]

Für die revolutionäre Elite traf Adams' Urteil zumindest insoweit zu, als sie in der Tat in diesen Jahren einen grundlegenden Mentalitätswandel vollzog von der Loyalität gegenüber der britischen Krone hin zur unabhängigen Republik unter ihrer politischen Führung; ein Wandel, wie ihn dann die revolutionäre Elite

Frankreichs von den späten achtziger Jahren bis zum August 1792 bzw. Januar 1793 unter ungleich schwierigeren Bedingungen und in unvergleichlich dramatischerer Weise vollzog. Daraus ergab sich aber auch, daß für Frankreich die Errichtung einer Republik ein wesentlich revolutionärerer Schritt war als für Amerika, wo die konstitutionelle Monarchie, für Frankreich immerhin theoretisch denkbar und 1791/92 de jure Praxis, irreal, die Republik mithin geradezu selbstverständlich war.

Auch Madison hatte es 1788 als selbstverständlich hingestellt, daß »die allgemeine Form und Anordnung der Regierung strikt republikanisch sei«.[3] Er wußte nur zu gut, daß diese Auffassung der herrschenden Staatslehre eindeutig widersprach, für die es, wie Montesquieu erst erneut bekräftigt hatte, keinem Zweifel unterliegen konnte, daß die Republik lediglich für kleine Territorien als passende Staatsform in Frage kam, während größere Staaten Opfer ihrer zwangsläufigen Korrumpierung werden würden. Die Errichtung einer Republik in Amerika mochte mithin aus innerer Logik erfolgen, nach außen war sie durchaus ein Novum und damit zugleich auch Ausdruck des Willens, etwas revolutionär Neues, einen *Novus ordo saeculorum* zu schaffen.

Diese bewußt innovatorische Absicht konnte jedoch für Madison und die Mehrheit der revolutionären Elite nur dann Aussicht auf dauerhaften Erfolg bieten, wenn sie fest mit repräsentativer Regierung unter Führung der Elite verknüpft war. Darin unterscheidet sich der amerikanische Republikanismus eindeutig von dem französischen, dessen revolutionärerer Charakter seit dem 10. August 1792 stets sehr viel enger mit Gleichheit und Demokratie und für viele mit möglichst direkter Volksherrschaft verknüpft war. Wenn in der Folge außerhalb der Vereinigten Staaten für viele Gemäßigte und Liberale – nicht nur in Lateinamerika – Republik zu einer echten Alternative als Staatsform wurde, dann war es sehr häufig das amerikanische Beispiel der repräsentativen, mehr oder weniger elitären Republik statt der revolutionären, demokratischen Republik französischer Provenienz, das den Ausschlag gab.

Der von der Amerikanischen Revolution ausgehende moderne Konstitutionalismus mit seiner verfassungsrechtlichen Verankerung der Menschenrechte, dem Prinzip der Gewaltentrennung und der Festsetzung von Verfassung als höherrangigem Recht hat zu dieser Entwicklung und damit zur Weiterwirkung der Amerikanischen Revolution erheblich beigetragen. In der außeramerikanischen Perspektive lag in diesen Bereichen ihre entscheidende Bedeutung, worauf Ranke zu seiner Zeit ebenso wie viele andere vor und nach ihm immer wieder hingewiesen haben. Damit war, so schien es, erstmals ein moderner Staat konstituiert worden, dessen verfassungsmäßige Ordnung Vorbild sein konnte. Das neuartige und bis dahin beispiellose System des amerikanischen Föderalismus stellte in diesem Zusammenhang fraglos einen der originärsten Beiträge dar.

Wie weit die Amerikanische Revolution als erste koloniale Unabhängigkeitsbewegung, verbunden mit dem amerikanischen Konstitutionalismus, in der Phase der Entkolonialisierung in Asien und Afrika nach dem Zweiten Weltkrieg von Einfluß gewesen ist[4], mag dahingestellt bleiben, da dieser Aspekt kaum von Amerikas Rolle in der Weltpolitik und im Ost-West-Gegensatz zur Zeit des Kalten Kriegs säuberlich zu trennen ist. Unbestritten sind jedoch die Rückwirkungen auf die Unabhängigkeitsbewegung in Lateinamerika in den ersten Jahrzehnten des 19. Jahrhunderts wie auch der Einfluß des amerikanischen Verfassungsmodells etwa auf die Paulskirche.

Bedeutung und Charakter der Amerikanischen Revolution erscheinen jedoch mit diesen Hinweisen noch keineswegs hinreichend erfaßt. Die Amerikanische Revolution war sicher mehr als lediglich ein Unabhängigkeitskampf, mehr als ein Dutzend Verfassungsdokumente. Den aufgeklärten Zeitgenossen in Europa galt sie als ein »Prinzip Hoffnung«, als der Beweis, daß die Ideale der Aufklärung, Freiheit und Menschenrechte, keine irreale Theorie waren, sondern unmittelbar praktisch umgesetzt werden konnten. Viele haben sich diese Perspektive im Laufe der Jahre durch die Französische Revolution wieder verfinstern lassen, oder aber sie haben auf diesem Umweg wiederum zur Amerikanischen Revolution und ihrer für sie zentralen Aussage zurückgefunden, daß, wie schon bei Montesquieu nachzulesen, Liberalismus nicht mit Demokratie Hand in Hand gehen müsse, eine dem gemäßigten europäischen Bürgertum des 19. Jahrhunderts sehr zusagende Perspektive.

Aus inneramerikanischer Sicht hatte dieser Aspekt der Amerikanischen Revolution naturgemäß weniger unmittelbare Bedeutung, jedoch unabsehbare Folgen. Ohne Frage hat er im 19. Jahrhundert erheblich dazu beigetragen, daß sich aus dem Europa der

Restauration und Reaktion ein nicht enden wollender Einwandererstrom in die Vereinigten Staaten ergoß, der für den Aufbau des Landes und seine heutige Weltgeltung von konstitutiver Bedeutung geworden ist. Diese soziale Ventilfunktion, deren Nutznießer die Vereinigten Staaten im 19. Jahrhundert wurden, hat wiederum erhebliche Bedeutung für die soziopolitische Entwicklung der europäischen Länder gehabt.

Die weltpolitische Bedeutung der Amerikanischen Revolution ergibt sich in besonderem Maße aus inneramerikanischer Sicht. Die Amerikanische Revolution ist die Geburtsstunde der Vereinigten Staaten von Amerika, eines staatlichen Gebildes, das bislang weder in dieser noch in anderer Form existiert hatte, zusammengesetzt aus dreizehn in der Vergangenheit nebeneinander bestehenden Kolonien, ohne gemeinsame Geschichte und Bevölkerung, mehrheitlich lose untereinander verbunden durch gemeinsame Abhängigkeit von der britischen Krone und durch wenige sich daraus ergebende übergreifende Institutionen, z. B. im Rechts- oder Postwesen.

Erst die Amerikanische Revolution hat »diesen neuen Menschen«[5], den Amerikaner geschaffen, der sich nicht mehr primär als Virginier oder New Yorker fühlte, sondern ein neues, provinzübergreifendes Zusammengehörigkeitsgefühl entwickelte, das nicht nur bislang bestehende politisch-geographische Grenzen übersprang, sondern sich auch anschickte, ethnische und religiöse Barrieren zu überwinden auf dem Weg zu einer neuen Identität als »Amerikaner«. Ungeachtet aller politischen, sozialen und verfassungsrechtlichen Konflikte in der Amerikanischen Revolution hat diese damit in gewissen Bereichen eine soziale Dynamik in Gang zu setzen vermocht, die nicht nur bewirkte, daß die sozialen Klammern über die Unabhängigkeitserklärung und die Verfassung von 1787 als Staat und Nation konstituierende Dokumente schon bald hinausreichten. Sie bewirkte ebenfalls einen bis dahin ungekannten Elan in der materiellen Besitzergreifung des neuen, mehr als verdoppelten Staatsgebietes, das sich bereits zwanzig Jahre nach Abschluß des Unabhängigkeitskrieges durch den Kauf von Louisiana noch einmal verdoppelte. Bevor 1826 mit Thomas Jefferson und John Adams die beiden letzten noch lebenden Unterzeichner der Unabhängigkeitserklärung gestorben waren, waren aus den 13 Gründungsstaaten der Vereinigten Staaten schon 23 Mitgliedsstaaten der Union geworden.

Diese soziale und politische Dynamik, das stetig weitere Ausgreifen nach Westen mit dem immer wieder erneuten Aufbau von Gesellschaft und Zusammenleben, hat einen ebenso prägenden und folgenreichen Einfluß auf die sich herausbildende und weiterentwickelnde Nation gehabt wie die ebenfalls aus der Amerikanischen Revolution übernommenen Defizite dieser Entwicklung: das ungelöste Sklavereiproblem und die unveränderte Indianerfrage. Beide dokumentieren bereits hinreichend, daß die Amerikanische Revolution kein reiner Königsweg gewesen ist und daß aus der Perspektive benachteiligter Bevölkerungsgruppen sich der sonst gerne reklamierte Charakter der »erfolgreichen« Revolution – womit die Singularität der Amerikanischen Revolution, nicht zuletzt gegenüber der Französischen, herausgestrichen werden soll – rasch deutlich relativiert. Dennoch: der säkulare politische und ökonomische Aufstieg der Vereinigten Staaten im 19. und 20. Jahrhundert hat letztlich eine seiner entscheidenden Wurzeln in der Amerikanischen Revolution.

Aus alledem ergibt sich, daß die Bedeutung der Amerikanischen Revolution sich nicht auf einige Verfassungsdokumente reduzieren läßt, daß sie vielmehr direkt, wenn auch in abgestufter Form, in das alltägliche Leben der Amerikaner eingriff. Das gilt für die Indianer, deren Lebenswelt westlich der proklamierten Siedlungsgrenze von 1763 zunehmend durch weiße Eindringlinge eingeengt und zerstört wurde. Das gilt ebenfalls für die Schwarzen, von denen nur relativ wenige während des Krieges und in den folgenden Jahren ihre persönliche Freiheit erringen konnten, während der großen Mehrzahl durch die Ereignisse das Gefühl noch dumpferer Ohnmacht vermittelt wurde.

Für das weiße Amerika hat die Revolution dagegen – wie schon an der freigesetzten sozialen Dynamik erkennbar – die bereits in der kolonialen Gesellschaft angelegten Tendenzen des Individualismus nachhaltig bestärkt, wie dies ähnlich auch in der Französischen Revolution geschehen ist. Während er sich dort gegen den seit Jahrzehnten stets als sozialen Maßstab postulierten Intérêt Général durchsetzte, fehlte in den Kolonien und der Amerikanischen Revolution jedoch eine vergleichbare Forderung nach gesamtgesellschaftlichen Ordnungsprinzipien. Anders als in Frankreich kann man daher die Verfassung in Amerika eher als Urkunde zur Regelung der Beziehungen zwischen Individuum und Staat als zwischen Gesellschaft und Staat verstehen.

Begriffe wie *Société, Corps social, Distinctions sociales, Nation* und *la Loi* (das Gesetz als kollektive, soziale Vernunft), an denen die französische Erklärung der Menschenrechte vom 26. August 1789 so reich ist, fehlen in der amerikanischen *Bill of Rights* vom 25. September 1789, die in der Form von zehn Zusatzartikeln 1791 Teil der Bundesverfassung von 1787 wurde. Hier ist von der persönlichen Sicherheit des Individuums die Rede, seinem Schutz vor staatlicher und gerichtlicher Willkür, seinem Recht auf persönliche Unversehrtheit und freie Lebensgestaltung, d. h. von den Grenzen staatlicher Macht nicht vor der Gesellschaft, sondern vor dem Individuum, das mit Rechten ausgestattet ist, deren Einhaltung es gegenüber dem Staat einklagen kann.

Anders als in Frankreich ist dieser Individualismus daher in den Vereinigten Staaten durch die Revolution zum Verfassungsgrundsatz geworden. Obwohl die Forschung bislang noch keineswegs alle Bereiche erkundet hat, läßt sich zumindest feststellen, daß sich dieser Individualismus jenseits der Verfassung in der privaten Lebensgestaltung deutlich manifestiert hat. So erleben wir etwa mit der Westwanderung die wachsende Abkehr von dörflichen Siedlungsformen und das Durchsetzen der Individualsiedlung, eine Tendenz, die bereits um die Mitte des 18. Jahrhunderts in Neuengland begonnen hatte, nun aber durch die Revolution und den durch sie bedingten mentalen Wandel deutlich gefördert erscheint.

Diese Tendenz scheint sich, zumindest teilweise, bis in die Umgestaltung des intimen Lebensbereiches fortgesetzt zu haben, mit einer Art Rückzug in die Privatheit, die zu einem Wandel des ländlichen Hauses führte. So hat etwa Rhys Isaac nachgewiesen, daß in Virginia durch die Revolution der Zentralraum (*the hall*), in dem sich das tägliche Leben in nahezu allen seinen Bereichen in offener Form abspielte, zugunsten einer Aufteilung in mehrere Räume mit jeweils strikt zugewiesener Funktion aufgegeben wurde. Damit tritt zugleich der Besucher nicht mehr mitten in das Familienleben ein, sondern nimmt nur noch an ausgewählten Lebensabläufen teil, denen gegenüber die übrigen privat bleiben.[6]

Daß Individualisierung und größere Betonung der Privatheit miteinander einhergehen, erscheint naheliegend. Was das Haus angeht, spricht Isaac jedoch zugleich auch von Verfeinerung, und damit könnte der von ihm diagnostizierte Wandel Teil eines Vorgangs sein, der sich in Frankreich sehr ähnlich im 19. Jahrhundert vollzog und als Verbürgerlichung der ländlichen Lebenswelt gedeutet wird, zu dem ebenfalls die Aufgabe des Zentralraums mit allen seinen Sozialisationsformen zählt. Mit anderen Worten: Teile des ländlichen Amerika erlebten offensichtlich im Zeitalter der Amerikanischen Revolution einen einschneidenden kulturellen Wandel. Unser heutiger Kenntnisstand reicht jedoch nicht aus, um mit Sicherheit feststellen zu können, welcher Zusammenhang zwischen beiden Vorgängen besteht und bis zu welchem Grad der Wandel des ländlichen Amerika im späten 18. und frühen 19. Jahrhundert auf die Amerikanische Revolution zurückzuführen ist.

Bürgerlichkeit war dagegen ein wesentliches Prinzip der Amerikanischen Revolution. Nicht von ungefähr schuf sie bewußt jene feudalen Relikte wie Primogenitur und Fideikommiß ab, obwohl diese schon längst ihre praktische Bedeutung in den Kolonien verloren hatten. Adelstitel und -patente durften nicht verliehen werden, die politische Mitwirkung sollte de facto die beiden ersten traditionellen Stände Europas ausschließen. Man mag deswegen von einer bürgerlichen Revolution sprechen, obgleich diesem Begriff eine gewisse kategoriale Unschärfe anhaftet. Wenn er jedoch das Eintreten für eine bürgerlich-kapitalistische Produktionsweise einschließt, ist die Amerikanische Revolution tatsächlich eher als eine bürgerliche Revolution einzustufen als die Französische, welche die Durchsetzung der bürgerlich-kapitalistischen Produktionsweise in Frankreich mehr aufgehalten als beschleunigt hat. Die Amerikanische Revolution strebte dagegen bewußt die Überwindung merkantiler Produktions- und Handelshemmnisse an, wie sie durch die imperiale Politik Londons den Kolonien in der Vergangenheit auferlegt worden waren.

Gerade Alexander Hamilton, während des Krieges der Adjutant Washingtons, in der zweiten Hälfte der achtziger Jahre einer der namhaftesten Verfechter der bundesstaatlichen Neuordnung, dann Finanzminister unter Washington, trat mit Entschiedenheit für die Industrialisierung und den Kapitalismus in der amerikanischen Wirtschaft nach der Revolution ein und hat folgenreiche Schritte für den nachfolgenden ökonomischen Aufschwung der Vereinigten Staaten eingeleitet. Damit hat die Revolution nicht nur den Wandel im ländlichen Amerika beeinflußt, sondern auch den des städtischen Amerika, indem sie die Verstädterung – zumindest im Norden – und das Anwachsen der städtischen Industriearbeiterschaft nachhaltig förderte.

Der ökonomische Erfolg erhielt damit einen neuen Stellenwert, zumal er nun mehr als früher eine politische Komponente beinhalten mochte. Die Amerikanische Revolution hat die politische Kultur des Landes entscheidend verändert. An die Stelle des Prinzips der Ernennung – in der Kolonialzeit für die angesehensten Ämter vorherrschend – ist nun das Prinzip der Wahl getreten, wenn auch in einer Weise, die den Einfluß der Elite sichern sollte, wobei diese sich die Erfahrungen der späten Kolonialzeit im Umgang mit Gouverneuren wie auch hinsichtlich der Steuerung des Wahlverhaltens nutzbar zu machen versuchte. Dennoch war die Situation verändert, nunmehr politischer Erfolg sehr viel direkter meßbar und der Erfolg selber zu einer noch wichtigeren sozialen Kategorie im alltäglichen Leben geworden, als er dies bereits vor der Revolution war. Die amerikanische Sozialordnung hatte ihre neue Grundkategorie erhalten, deren Eigendynamik im Laufe des 19. Jahrhunderts immer manifester werden sollte.

Die Amerikanische Revolution war ebenso eine Verfassungsrevolution der gängigen Neowhig-Interpretation wie eine Revolution in der politischen Loyalitätsfrage, wie John Adams sie verstanden hatte. Sie war aber zugleich wesentlich mehr als das, so daß sie von beiden Interpretationen nur unzureichend gedeutet wird. Benjamin Rush mag dies 1787 erahnt haben, als er sich gegen die verbreitete Auffassung aussprach, daß mit dem Krieg auch die Revolution beendet sei: »Im Gegenteil, nichts als der erste Akt dieses großen Dramas ist beendet.«[7]

Die Revolution hat, über Verfassung und Loyalität weit hinausgehend, nachhaltig in das soziale Gefüge der Gesellschaft eingegriffen und, indem sie in allen sozialen Bereichen Wünsche, Hoffnungen und Forderungen erzeugte, einen tiefgreifenden Mentalitätswandel bewirkt, der 1787 noch längst nicht abgeschlossen war. Indem dieser die noch weithin elitär strukturierte Gesellschaft – Reflex der alteuropäischen hierarchischen Ständegesellschaft – zunehmend in Frage stellte und folgenreiche ökonomische und soziale Impulse freisetzte, wirkte die Amerikanische Revolution über 1787 hinaus weiter und führte einen fundamentalen Wandel in Politik, Wirtschaft und Gesellschaft der Vereinigten Staaten herbei, dessen Konsequenzen 1787 noch unabsehbar waren.

Anmerkungen

I. Einleitung

1 Statement of Louis Hartz, Feb. 26, 1968, in: The Nature of Revolution. Hearings before the Committee on Foreign Relations, U.S. Senate, 90th Congress, 2nd sess., Feb. 19, 21, 26, and March 7, 1968, Washington D. C. 1968, 110.
2 Vgl. Ploetz, Auszug aus der Geschichte, Würzburg 1960[26], 937.
3 So die sehr allgemeine Definition in: Meyers Taschenlexikon Geschichte, Hg. W. Digel, V, Mannheim 1982, 130.
4 J. F. Jameson, The American Revolution Considered as a Social Movement, Hg. F. B. Tolles, Princeton 1967, 9.
5 B. Bailyn, Ideological Origins of the American Revolution, Cambridge/Mass. 1967, VI. Sehr ähnlich heißt es in der jüngsten deutschen Darstellung von H.-C. Schröder, Die Amerikanische Revolution, München 1982, 169: »Man kann sie [die Amerikanische Revolution] als eine fast rein politische Revolution bezeichnen.«

II. Vorbedingungen der kolonialen Entwicklung

1 Dazu neuartig und anregend W. Pencak, War, Politics, and Revolution in Provincial Massachusetts, Boston 1981.
2 So die Behauptung von B. W. Labaree, America's Nation-Time: 1607-1789 (1972), N. Y. 1976, 73.
3 Immer noch grundlegend dazu J. P. Greene, The Quest for Power. The Lower Houses of Assembly in the Southern Royal Colonies 1689-1776, Chapel Hill/N. C. 1963.
4 R. E. Brown, Middle-class Democracy and the Revolution in Massachusetts 1691-1780, Ithaca/N. Y. 1955.
5 J. Adams, A Defence of the Constitutions of Government of the United States of America, I, London 1787, 111.
6 Zum Wahlverhalten allgemein jetzt wertvolle Hinweise bei R. Isaac, The Transformation of Virginia, 1740-1790, Chapel Hill/N. C. 1982, 110-114.
7 Vgl allg. dazu J. A. Henretta, The Evolution of American Society 1700-1815, Lexington/Mass. 1973, 83-117.
8 Vgl. dazu die etwas andere Klasseneinteilung bei J. T. Main, The Social Structure of Revolutionary America, Princeton 1965, 198-218.
9 Dazu die immer noch anregende Untersuchung von R. Hofstadter, America at 1750, N. Y. 1971, 132.
10 Zu diesen und weiteren Fragen A. H. Jones, Wealth of a Nation to Be.

The American Colonies on the Eve of the Revolution, N. Y. 1980, 50-85.

11 Vgl. M. Kammen, Empire and Interest. The American Colonies and the Politics of Mercantilism, Philadelphia 1970, bes. 72-94.

12 Dazu allg. I. R. Christie, Crisis of Empire. Great Britain and the American Colonies, 1754-1783, London 1966, 23-38; C. Ubbelohde, The American Colonies and the British Empire 1607-1763, Northbrook/Ill. 1975², bes. 42-102.

III. Die Krise der Kolonialherrschaft (1763-1775)

1 Dt. in: W. P. und A. M. Adams Hg., Die Amerikanische Revolution in Augenzeugenberichten, München 1976, 33.

2 Dazu die immer noch klassische Studie von E. S. und H. M. Morgan, The Stamp Act Crisis: Prologue to Revolution, N. Y. 1962² Nd. 1965, 167-69.

3 Journals of the Continental Congress 1774-1789, Hg. W. C. Ford, I, Nd. N. Y. 1968, 70-71.

4 Connecticut Courant, 30. Dez. 1765, in: E. S. Morgan, Hg., Prologue to Revolution. Sources and Documents on the Stamp Act Crisis, 1764-1766, Chapel Hill/N. C. 1959, 114 (Resolution der Sons of Liberty von New London, Conn.).

5 Rede von Lord Lyttleton im House of Lords, 11. März 1766, in: R. C. Simmons u. P. D. G. Thomas Hg., Proceedings and Debates of the British Parliaments Respecting North America 1754-1783, II, Millwood/N. Y. 1983, 341.

6 W. Blackstone, Commentaries on the Laws of England, I, London 1800¹³, 88-90.

7 Vgl. dazu den schon älteren, aber immer noch nützlichen Aufsatz von B. Hindle, The March of the Paxton Boys, in: William and Mary Quarterly, 3d ser., 3. 1946, 461-86.

8 Dazu jetzt grundlegend E. Countryman, A People in Revolution. The American Revolution and Political Society in New York 1760-1790, Baltimore 1981, 39-41.

9 Vgl. dazu jetzt A. R. Ekirch, »Poor Carolina«: Politics and Society in Colonial North Carolina, 1729-1776, Chapel Hill/N. C. 1981, bes. 161-202.

10 H. Husband, An Impartial Relation of the First Rise and Cause of the Recent Differences in Public Affairs, o. O. 1770, 78, auszugsweise abgedr. in: W. S. Powell u. a. Hg., The Regulators in North Carolina. A Documentary History 1759-1776, Raleigh/N. C. 1971, 226.

11 Vgl. R. J. Champagne, Alexander McDougall and the American Revolution in New York, Schenectady/N. Y. 1975, 5-10.

12 Dazu insgesamt W. S. Griswold, The Boston Tea Party, 16 December 1773: The Night the Revolution Began, Tunbridge Wells 1973.

13 Journals of the Continental Congress, I, 70 f.

14 Countryman, 42-45.

15 Dazu u. a. C. Strout, Historiker u. Ich-Psychologie, in: H.-U. Wehler Hg., Geschichte u. Psychoanalyse, Köln 1971, Berlin 1974², 69.

16 Dazu jetzt P. Zagorin, Rebels and Rulers 1500-1660, II, Cambridge 1982, 51-222.

17 C. Johnson, Revolutionary Change (1966), London 1970, 86 (dt. Revolutionstheorie, Köln 1971).

18 Vgl. etwa R. Dahrendorf, Freiheit u. Konflikt. Auf dem Weg zur Dienstklassengesellschaft, München 1972, 28-31 u. ö.

19 T. R. Gurr, Why Men Rebel, Princeton 1970, 52 f., vgl. generell 22-58 (dt. Rebellion, Wien 1972).

20 A. de Tocqueville, L'Ancien Régime et la Révolution, I, Paris 1952, 223.

21 Klassisch dazu R. Hofstadter, The Paranoid Style in American Politics and Other Essays, London 1966, 3-40; Bailyn, Ideological Origins, 144-59.

22 J. H. Hutson, The American Revolution: The Triumph of a Delusion?, in: E. Angermann u. a. Hg., New Wine in Old Skins. A Comparative View of Socio-Political Structures and Values Affecting the American Revolution, Stuttgart 1976, 177-94.

23 Vgl. dazu G. S. Wood, Conspiracy and the Paranoid Style: Causality and Deceit in the Eighteenth Century, in: William and Mary Quarterly, 3d ser., 39. 1982, 401-41.

IV. Der Konflikt mit dem Mutterland und die Auseinandersetzungen im Innern (1775-1787)

1 Declaration of the Causes and Necessity of Taking Up Arms, 6. Juli 1775, in: S. E. Morison Hg., Sources and Documents Illustrating the American Revolution 1764-1788, Oxford 1948, 144.

2 Die deutsche Übersetzung wurde übernommen aus: Adams, Revolution in Augenzeugenberichten, 262.

3 Vgl. dazu P. H. Smith, The American Loyalists. Notes on Their Organization and Numerical Strength, in: William and Mary Quarterly, 3d ser., 25. 1968, 259-77.

4 R. Middlekauf, The Glorious Cause. The American Revolution 1763-1789, N. Y. 1982, 574.

5 Vgl. dazu B. Krüger, Die amerikanischen Loyalisten. Eine Studie der Beziehungen zwischen England u. Amerika 1776-1802, Frankfurt 1977.

6 Der Wortlaut des Friedensvertrages ist, leicht gekürzt, bequem zugänglich in der häufig aufgelegten Sammlung von H. S. Commager Hg., Documents of American History, I, N. Y. 1963[7], 117-19.

7 Zit. nach D. Hoerder, Crowd Action in Revolutionary Massachusetts, 1765-1780, N. Y. 1977, 116.

8 Vgl. dazu J. Lemisch, Jack Tar in the Streets: Merchant Seamen in the Politics of Revolutionary America, in: William and Mary Quarterly, 3d ser., 25. 1968, 371-407.

9 Zu den Sozialkonflikten im ländlichen New York: Countryman, People in Revolution 40-45.

10 G. B. Nash, The Urban Crucible. Social Change, Political Consciousness, and the Origins of the American Revolution, Cambridge/Mass. 1979, 325.

11 Vgl. dazu u. a. B. G. Merritt, Loyalism and Social Conflict in Revolutionary Deerfield, Massachusetts, in: Journal of American History 57. 1970/71, 277-89.

12 Countryman, 129.

13 Bezügl. dieser Angaben wie überhaupt der Komiteebewegung in Philadelphia: R. A. Ryerson, The Revolution is Now Begun. The Radical Committees of Philadelphia, 1765-1776, Philadelphia 1978.

14 Vgl. dazu u. a. zwei wichtige neuere Aufsätze von M. Egnal, The Origins of the Revolution in Virginia: A Reinterpretation, in: William and Mary Quarterly, 3d ser., 37. 1980, 401-28; R. Forster – E. C. Papenfuse, Les Grandes Planteurs du Maryland au XVIIIe siècle: une élite politique et économique, in: Annales 37. 1982, 552-73.

15 Vgl. dazu R. R. Palmer, The Age of the Democratic Revolution. A Political History of Europe and America, 1760-1800, I, Princeton 1959, 188.

16 M. Vovelle, Die Französische Revolution – Soziale Bewegung u. Umbruch der Mentalitäten, München 1982, 113.

17 Zit. nach Krüger, 24, 25.

18 Zit. nach D. P. Szatmary, Shays' Rebellion. The Making of an Agrarian Insurrection, Amherst/Mass. 1980, 57, 68, 67.

19 So die Kernthese seines einflußreichen, doch stets umstrittenen Werks: The History of Political Parties in the Province of New York 1760-1776, Madison/Wisc. 1909.

20 Vgl. dazu die Pionieruntersuchungen von Nash, Urban Crucible, und R. Isaac, The Transformation of Virginia, 1740-1790, Chapel Hill/N. C. 1982.

21 Zit. nach Adams, 54. Mit der Petition der Rechte ist die 1628 von Coke im Namen des Parlaments formulierte und vom König angenommene Petition of Right gemeint.

22 O. u. M. Handlin Hg., The Popular Sources of Political Authority. Documents on the Massachusetts Constitution of 1780, Cam-

bridge/Mass. 1966, 90.

23 Die beste Sammlung aller Einzelstaatsverfassungen liegt heute vor von
W. F. Swindler Hg., Sources and Documents of United States Constitutions, 10 Bde. in 11, Dobbs Ferry/N. Y. 1972-79.

24 B. Rush, On the Defects of the Confederation (1787), in: D. D. Runes
Hg., The Selected Writings of B. Rush, N. Y. 1947, 28.

25 Vgl. dazu J. T. Main, The Sovereign States 1775-1783, N. Y. 1973, bes.
143-221.

26 Swindler Hg., IV, 151.

27 Zit. nach G. S. Wood, The Creation of the American Republic 1776-
1787 (1969), New York 1972, 377. Das Zitat stammt von Noah Web-
ster.

28 The Address and Reasons of Dissent of the Minority of the Convention of Pennsylvania To Their Constituents, in: H. J. Storing Hg., The
Complete Anti-Federalist, 7 Bde., Chicago 1981, 3. 11. 35 (18. Dez.
1787).

29 M. Jensen Hg., The Documentary History of the Ratification of the
Constitution, III, Madison/Wisc. 1978, 441 (12. Nov. 1787).

30 Vgl. dazu die verstreuten Bemerkungen von P. Zagorin, bes. in
Bd. I.

31 Vgl. A. Soboul, La Révolution française dans l'histoire du monde con-
temporain (1969), Nd. in: ders., Comprendre la révolution. Problèmes
politiques de la révolution française, Paris 1981, 359; F. Furet u. D. Ri-
chert, La Révolution française (1965) Nd. Paris 1973, 8.

32 The Federalist, No. 51 (Ausg. v. E. M. Earle), New York o. J., 339.

33 Vgl. sein grundlegendes Werk: An Economic Interpretation of the
Constitution of the United States, New York (1913) 1935². Seither
zahlreiche Nachdrucke.

34 Das etwa ist die Quintessenz von F. McDonald, E Plurimus Unum.
The Formation of the American Republic 1776-1790, Boston 1965,
bes. 189-208.

35 Gouverneur Morris an Matthew Ridley, 6. 8. 1782, in: J. Catanzariti
u. a. Hg., The Papers of Robert Morris 1781-1784, VI, Pittsburgh
1984, 148.

36 Vgl. dazu jetzt E. J. Ferguson, Political Economy, Public Liberty, and
the Formation of the Constitution, in: William and Mary Quarterly,
3d ser., 40. 1983, bes. 411.

37 K. Marx, Das Kapital, Vorwort zur 1. Aufl., in: K. Marx u. F. Engels,
Werke, XXIII, Berlin 1962, 15.

V. Die Bedeutung der Amerikanischen Revolution

1 L. von Ranke, Über die Epochen der neueren Geschichte (1854), Hg. T. Schieder u. H. Berding, München 1971, 417.

2 J. Adams u. T. Jefferson, 24. Aug. 1815, in: L. J. Cappon Hg., The Adams-Jefferson Letters. The Complete Correspondence Between T. Jefferson and A. and J. Adams, II, Chapel Hill/N. C. 1959, 455.

3 The Federalist, No. 39 (Hg. Earle, 242 f.).

4 So die These von R. B. Morris, The Emerging Nations and the American Revolution, N. Y. 1970, bes. IX-XI, 178-223.

5 Der *locus classicus* für die Beschreibung des Amerikaners als »neuer Mensch« sind die erstmals 1782 erschienenen »Letters from an American Farmer« von Hector St. John de Crèvecoeur. Seither zahlreiche Nachdrucke.

6 Isaac, bes. 302-5.

7 B. Rush, On the Defects of the Confederation (1787), in: D. D. Runes Hg., 26.

Quellen- und Literaturverzeichnis

Die Übersicht enthält nur die wichtigsten Werke, die dem Interessierten weiterhelfen sollen. Auf allgemeine Bibliographien und Quelleneditionen sowie auf allgemeine Werke zur amerikanischen Geschichte wurde ebenso verzichtet wie auf biographische Quellen und Literatur.

1. Quellen

W. P. u. A. M. Adams Hg., Die Amerikanische Revolution in Augenzeugenberichten, München 1976.

B. Bailyn Hg., Pamphlets of the American Revolution, 1750-1776, Bd. 1, Cambridge/Mass. 1965.

J. Elliot Hg., The Debates in the Several State Conventions on the Adoption of the Federal Constitution, 5 Bde. 1888, Nd. N. Y. 1966.

M. Farrand Hg., The Records of the Federal Convention of 1787, 3 Bde., New Haven/Conn. 1911.

The Federalist. A Commentary on the Constitution of the United States. Being a Collection of Essays written in Support of the Constitution agreed upon September 17, 1787, by the Federal Convention (geschrieben von Alexander Hamilton, John Jay und James Madison), mehrere moderne Ausgaben.

O. u. M. Handlin Hg., The Popular Sources of Political Authority. Documents on the Massachusetts Constitution of 1780, Cambridge/Mass. 1966.

M. Jensen Hg., The Documentary History of the Ratification of the Constitution, Bd. 1 ff., Madison/Wisc. 1976 ff.

Journals of the Continental Congress 1774-1789, Hg. W. C. Ford, 34 Bde. (1904-37), Nd. N. Y. 1968.

E. S. Morgan Hg., Prologue to Revolution. Sources and Documents on the Stamp Act Crisis, 1764-1766, Chapel Hill/N. C. 1959.

S. E. Morison Hg., Sources and Documents Illustrating the American Revolution 1764-1788, Oxford 1929², Nd. 1948.

R. C. Simmons und P. D. G. Thomas Hg., Proceedings and Debates of the British Parliaments Respecting North America 1754-1783, Bd. 1 ff., Millwood/N. Y. 1982 ff.

H. J. Storing Hg., The Complete Anti-Federalist, 7 Bde., Chicago 1981.

W. F. Swindler Hg., Sources and Documents of United States Constitutions, 10 Bde. in 11, Dobbs Ferry/N. Y. 1972-79.

2. Literatur

W. W. Abbot, The Colonial Origins of the United States: 1607-1763, N. Y. 1975.

D. Adair, Fame and the Founding Fathers, Hg. T. Colbourn, N. Y. 1974.

W. P. Adams, Republikanische Verfassung u. bürgerliche Freiheit. Die Verfassungen u. politischen Ideen der Amerikanischen Revolution, Neuwied 1973 (jetzt auch in überarbeiteter englischer Übersetzung: Chapel Hill/N. C. 1980).

D. Ammerman, In the Common Cause. American Response to the Coercive Acts of 1774, Charlottesville/Va. 1974.

E. Angermann u. a. Hg., New Wine in Old Skins. A Comparative View of Socio-Political Structures and Values Affecting the American Revolution, Stuttgart 1976.

B. Bailyn, Ideological Origins of the American Revolution, Cambridge/Mass. 1967.

E. D. Baltzell, Puritan Boston and Quaker Philadelphia: Two Protestant Ethics and the Spirit of Class Authority and Leadership, New York 1979.

C. A. Beard, An Economic Interpretation of the Constitution of the United States, N. Y. 1913, 1935².

C. L. Becker, The History of Political Parties in the Province of New York, 1760-1776, Madison/Wisc. 1909.

R. A. Becker, Revolution, Reform, and the Politics of American Taxation, 1763-1783, Baton Rouge/La. 1980.

P. U. Bonomi, A Factious People. Politics and Society in Colonial New York, N. Y. 1971.

C. Bonwick, English Radicals and the American Revolution, Chapel Hill/N. C. 1977.

S. S. Booth, Seeds of Anger: Revolts in America 1607-1771, N. Y. 1977.

C. Bridenbaugh, Early Americans, N. Y. 1981.

L. K. Brown, A Revolutionary Town, Canaan/N. H. 1975.

R. D. Brown, Revolutionary Politics in Massachusetts. The Boston Committee of Correspondence and the Towns 1772-1774, Cambridge/Mass. 1970.

R. E. Brown, Middle-class Democracy and the Revolution in Massachusetts 1691-1780, Ithaca/N. Y. 1955.

R. Buel, Securing the Revolution. Ideology in American Politics, 1789-1815, Ithaca/N. Y. 1972.

I. R. Christie, Crisis of Empire. Great Britain and the American Colonies, 1754-1783, London 1966.

I. R. Christie u. B. W. Labaree, Empire or Independence, 1760-1776. A

British-American Dialogue on the Coming of the American Revolution, N. Y. 1976.

H. T. Colbourn, The Lamp of Experience. Whig History and the Intellectual Origins of the American Revolution (1965), Nd. N. Y. 1974.

E. Countryman, A People in Revolution. The American Revolution and Political Society in New York 1760-1790, Baltimore 1981.

H. Dippel, Germany and the American Revolution, 1770-1800. A Sociohistorical Investigation in Late Eighteenth-Century Political Thinking, Chapel Hill/N. C. 1977 u. Wiesbaden 1978.

E. P. Douglass, Rebels and Democrats. The Struggle for Equal Political Rights and Majority Rule During the American Revolution, Chapel Hill/N. C. 1955.

M. Egnal, The Origins of the Revolution in Virginia: A Reinterpretation, in: William and Mary Quarterly, 3d ser., 37. 1980, 401-28.

A. R. Ekirch, »Poor Carolina«: Politics and Society in Colonial North Carolina, 1729-1776, Chapel Hill/N. C. 1981.

E. J. Ferguson, Political Economy, Public Liberty, and the Formation of the Constitution, in: William and Mary Quarterly, 3d ser., 40. 1983, 389-412.

E. J. Ferguson, The Power of the Purse. A History of American Public Finance, 1776-1790, Chapel Hill/N. C. 1961.

P. S. Foner, Labor and the American Revolution, Westport/Conn. 1976.

R. Forster u. E. C. Papenfuse, Les Grandes Planteurs du Maryland au XVIIIᵉ siècle: une élite politique et économique, in: Annales 37. 1982, 552-73.

R. M. Fulton Hg., The Revolution That Wasn't. A Contemporary Assessment of 1776, Port Washington/N. Y. 1981.

H. Gerstenberger, Zur politischen Ökonomie der bürgerlichen Gesellschaft. Die historischen Bedingungen ihrer Konstitution in den USA, Frankfurt 1973.

L. H. Gipson, The Coming of the Revolution 1763-1775, N. Y. 1954, Nd. 1962.

J. P. Greene u. P. Maier Hg., Interdisciplinary Studies of the American Revolution, Beverly Hills 1976.

J. P. Greene, The Quest for Power. The Lower Houses of Assembly in the Southern Royal Colonies, 1689-1776, Chapel Hill/N. C. 1963.

W. S. Griswold, The Boston Tea Party, 16 December 1773: The Night the Revolution Began, Tunbridge Wells/Kent 1973.

L. Hartz, The Liberal Tradition in America. An Interpretation of American Political Thought since the Revolution, N. Y. 1955.

J. A. Henretta, The Evolution of American Society, 1700-1815: An Interdisciplinary Analysis, Lexington/Mass. 1973.

D. Hoerder, Crowd Action in Revolutionary Massachusetts 1765-1780,

N. Y. 1977.

R. Hofstadter, America at 1750, N. Y. 1971.

J. H. Hutson, Pennsylvania Politics 1746-1770. The Movement for Royal Government and Its Consequences, Princeton 1972.

R. Isaac, The Transformation of Virginia 1740-1790, Chapel Hill/N. C. 1982.

J. F. Jameson, The American Revolution Considered as a Social Movement, Hg. F. B. Tolles, Princeton 1967.

M. Jensen, The American Revolution within America, N. Y. 1974.

E. A. J. Johnson, The Foundations of American Economic Freedom. Government and Enterprise in the Age of Washington, Minneapolis 1973.

M. Jonas u. R. V. Wells Hg., New Opportunities in a New Nation. The Development of New York After the Revolution, Schenectady/N. Y. 1982.

A. H. Jones, Wealth of a Nation to Be. The American Colonies on the Eve of the Revolution, N. Y. 1980.

D. P. Jordan, Political Leadership in Jefferson's Virginia, Charlottesville/Va. 1983.

M. Kammen, Empire and Interest. The American Colonies and the Politics of Mercantilism, Philadelphia 1970.

S. N. Katz Hg., Colonial America. Essays in Politics and Social Development, Boston 1976².

S. B. Kim, Landlord and Tenant in Colonial New York: Manorial Society, 1664-1775, Chapel Hill/N. C. 1978.

B. Krüger, Die amerikanischen Loyalisten. Eine Studie der Beziehungen zwischen England u. Amerika 1776-1802, Frankfurt 1977.

A. Kulikoff, The Progress of Inequality in Revolutionary Boston, in: William and Mary Quarterly, 3d ser., 28. 1971, 375-412.

S. G. Kurtz u. J. H. Hutson Hg., Essays on the American Revolution, N. Y. 1973.

B. W. Labaree, America's Nation-Time: 1607-1789 (1972), Nd. N. Y. 1976.

B. W. Labaree, The Boston Tea Party, N. Y. 1964.

L. W. Labaree, Royal Government in America. A Study of the British Colonial System Before 1783, New Haven/Conn. 1930.

J. Lemisch, The American Revolution seen from the Bottom Up, in: B. J. Bernstein Hg., Towards a New Past. Dissenting Essays in American History, N. Y. 1968, 3-45.

J. T. Lemon u. G. B. Nash, The Distribution of Wealth in Eighteenth-Century America: A Century of Change in Chester County Pennsylvania 1693-1802, in: Journal of Social History 2. 1968/69, 1-24.

K. A. Lockridge, Settlement and Unsettlement in Early America. The Crisis of Political Legitimacy Before the Revolution, Cambridge 1981.

S. E. Lucas, Portents of Rebellion. Rhetoric and Revolution in Philadelphia, 1765-76, Philadelphia 1976.

S. Lynd, Class Conflict, Slavery, and the United States Constitution, In-
dianapolis 1967.

F. McDonald, E Pluribus Unum. The Formation of the American Republic, 1776-1790, Boston 1965.

D. J. MacLeod, Slavery, Race, and the American Revolution, Cambridge
1974.

P. Maier, From Resistance to Revolution. Colonial Radicals and the Development of American Opposition to Britain, 1765-1776, N. Y. 1972,
Nd. 1974.

J. T. Main, The Antifederalists. Critics of the Constitution 1781-1788,
Chapel Hill/N. C. 1961, Nd. 1964.

J. T. Main, Political Parties before the Constitution, Chapel Hill/N. C.
1973.

J. T. Main, The Social Structure of Revolutionary America, Princeton
1965.

J. T. Main, The Sovereign States 1775-1783, N. Y. 1973.

E. Marienstras, Les Mythes fondateurs de la nation américaine. Essai sur le
discours idéologique aux Etats-Unis à l'époque de l'indépendance
(1763-1800), Paris 1977.

J. K. Martin, In the Course of Human Events. An Interpretive Explora-
tion of the American Revolution, Arlington Heights/Ill. 1979.

J. K. Martin, Men in Rebellion. Higher Governmental Leaders and the
Coming of the American Revolution, New Brunswick/N. J. 1973.

J. K. Martin Hg., The Human Dimensions of Nation Making. Essays on
Colonial and Revolutionary America, Madison/Wisc. 1976.

M. Mayer, Die Entstehung des Nationalstaates in Nordamerika, Frankfurt 1979.

R. Middlekauf, The Glorious Cause. The American Revolution 1763-
1789, N. Y. 1982.

E. S. Morgan, American Slavery – American Freedom. The Ordeal of Colonial Virginia, N. Y. 1975.

E. S. u. H. M. Morgan, The Stamp Act Crisis: Prologue to Revolution,
N. Y. 1962, Nd. 1965.

R. B. Morris, The American Revolution Reconsidered, N. Y. 1967.

R. B. Morris, Class Struggle and the American Revolution, in: William
and Mary Quarterly, 3d ser., 19. 1962, 3-29.

R. B. Morris, The Emerging Nations and the American Revolution, N. Y.
1970.

G. B. Nash, The Urban Crucible. Social Change, Political Consciousness,
and the Origins of the American Revolution, Cambridge/Mass. 1979.

C. S. Olton, Artisans for Independence. Philadelphia Mechanics and the
American Revolution, Syracuse/N. Y. 1975.

R. R. Palmer, The Age of the Democratic Revolution. A Political History of Europe and America, 1760-1800, 2 Bde., Princeton 1959-64.

W. Pencak, War, Politics and Revolution in Provincial Massachusetts, Boston 1981.

J. G. A. Pocock Hg., Three British Revolutions: 1641, 1688, 1776, Princeton 1980.

J. R. Pole, Political Representation in England and the Origins of the American Republic, Berkeley/Cal. 1966, Nd. 1971.

J. Potter, The Liberty We Seek. Loyalist Ideology in Colonial New York and Massachusetts, Cambridge/Mass. 1983.

B. Quarles, The Negro in the American Revolution, Chapel Hill/N. C. 1961.

La Révolution américaine et l'Europe (Colloques internationaux du Centre National de la Recherche Scientifique, No. 577), Paris 1979.

C. Robbins, The Eighteenth-Century Commonwealthman. Studies in the Transition, Development and Circumstances of English Liberal Thought from the Restoration of Charles II until the War with the Thirteen Colonies (1959), N. Y. 1968.

A. Rogers, Empire and Liberty. American Resistance to British Authority, 1755-1763, Berkeley/Cal. 1974.

C. Royster, A Revolutionary People at War. The Continental Army and American Character, 1775-1783, Chapel Hill/N. C. 1979.

R. A. Ryerson, The Revolution is Now Begun. The Radical Committees of Philadelphia, 1765-1776, Philadelphia 1978.

A. M. Schlesinger, The Colonial Merchants and the American Revolution 1763-1776 (1918), Nd. N. Y. 1957.

H.-C. Schröder, Die Amerikanische Revolution, München 1982.

H.-C. Schröder, Das Eigentumsproblem in den Auseinandersetzungen um die Verfassung von Massachusetts 1775-1787, in: R. Vierhaus Hg., Eigentum u. Verfassung. Zur Eigentumsdiskussion im ausgehenden 18. Jahrhundert, Göttingen 1972, 11-67.

P. Shaw, American Patriots and the Rituals of Revolution, Cambridge/Mass. 1981.

P. H. Smith, The American Loyalists: Notes on their Organization and Numerical Strength, in: William and Mary Quarterly, 3d ser., 25. 1968, 259-77.

G. Stourzh, Alexander Hamilton and the Idea of Republican Government, Stanford/Cal. 1970.

C. S. Sydnor, Gentlemen Freeholders. Political Practices in Washington's Virginia, Chapel Hill/N. C. 1952.

D. P. Szatmary, Shays' Rebellion. The Making of an Agrarian Insurrection, Amherst/Mass. 1980.

F. B. Tolles, The American Revolution Considered as a Social Movement: A Re-Evaluation, in: American Historical Review, 60. 1954/55, 1-12.

R. E. Toohey, Liberty and Empire, British Radical Solutions to the American Problem, 1774-1776, Lexington/Ky. 1978.

C. Ubbelohde, The American Colonies and the British Empire, 1607-1763, Northbrook/Ill. 1975².

C. L. Ver Steeg, The Formative Years, 1607-1763, N. Y. 1964.

G. M. Walton u. J. F. Shepherd, The Economic Rise of Early America, Cambridge 1979.

H.-U. Wehler Hg., 200 Jahre amerikanische Revolution u. moderne Revolutionsforschung (= Geschichte u. Gesellschaft, Sonderheft 2), Göttingen 1976.

C. Williamson, American Suffrage from Property to Democracy, 1760-1860, Princeton 1960.

G. S. Wood, The Creation of the American Republic, 1776-1787, 1969, Nd. N. Y. 1972.

A. F. Young Hg., The American Revolution. Explorations in the History of American Radicalism, DeKalb/Ill. 1976.

A. F. Young, The Democratic Republicans of New York. The Origins, 1763-1797, Chapel Hill/N. C. 1967.

Neue Historische Bibliothek
in der edition suhrkamp

Hans-Ulrich Wehlers fast aus dem Nichts entstandene
›Neue Historische Bibliothek‹ ist (...)
nicht nur ein forschungsinternes, sondern
auch ein kulturelles Ereignis.
Frankfurter Allgemeine Zeitung

314/1/12.96

Neue Historische Bibliothek
in der edition suhrkamp

Neue Historische Bibliothek
in der edition suhrkamp

314/3/12.96

Geschichte
in der edition suhrkamp

Geschichte
in der edition suhrkamp

312/2/12.96

Geschichte
in der edition suhrkamp

312/3/12.96

Politische Ökonomie und Wirtschaftsgeschichte
in der edition suhrkamp

Politische Ökonomie und Wirtschaftsgeschichte
in der edition suhrkamp

306/2/12.96

Kulturgeschichte
in der edition suhrkamp

308/1/12.96